技術創新金融論
基於金融功能及風險匹配的研究

潘功君 著

財經錢線

序

科技是國家強盛之基，創新是民族進步之魂。一個國家推動以科技創新為核心的全面創新，就能提高科技進步對經濟增長的貢獻度，形成新的增長動力源泉，推動經濟持續健康發展。

傳統經典理論認為，假定技術條件不變，資源充分配置下的最大潛在增長率是有限度的，規模報酬遞減規律會發生作用，資本邊際效率呈下降趨勢，即投資產出比下降。長期來說，經濟的可持續增長主要看最大潛在增長率是否不斷提高，而最大潛在增長率的決定因素是技術創新。技術創新是實現動能轉換的動力源，是提高全要素生產率的關鍵所在，是經濟高質量發展的根本路徑。

技術創新需要大量資金支持。僅僅依靠企業自身的內源融資往往不能滿足創新需要，必須依靠外源融資。但技術創新具有高風險、高收益、高投入、高溢出、高隱蔽性的特徵，這些特徵構成了外源融資的內生障礙。因此，金融體系究竟如何支持技術創新？其背後的支持機理是什麼、路徑又是什麼？這些都是重要的理論和實踐問題。

潘功君博士的專著《技術創新金融論——基於金融功能及風險匹配的研究》在一般闡述技術創新基本特徵的基礎上，從金融的多種功能中歸納出金融支持技術創新的融資支持、風險管控、信息管理和服務提升四項基本功能，從而構建了 FRIS 分析框架，建立了與之相應的理論模型；根據這一模型，利用問卷調查數據，實證檢驗了技術創新風險與金融機構風險

容忍度之間的匹配關係；根據研究結論，提出了相關政策建議。該研究對於揭示技術創新金融支持的內在機理、促進金融體系更好支持技術創新，具有重要的理論意義和現實意義。

該書圍繞「技術創新金融」這一新範疇，從理論和實踐的結合上展開深入研究，具有以下特色和創新。第一，在研究視角上，從金融功能的視角論證金融支持技術創新的可能性，構建了金融支持技術創新的 FRIS 分析框架；從技術創新風險與金融機構風險容忍度之間匹配關係的視角展開研究與討論，給出了支持技術創新的金融市場與金融仲介共存的條件，並建立了相應的匹配模型，從理論上進一步解釋了技術創新不同階段的融資優序現象。第二，在研究方法上，設計了專家評級調查、高新技術企業風險調查、金融機構風險容忍度調查等問卷，綜合運用基於正互反矩陣與模糊互補矩陣的主觀定權法以及基於粗糙集理論的客觀定權法，獲得了企業技術創新風險與金融機構風險容忍度之間的評級模型和綜合評分模型，發現了兩者之間的結構化差異。第三，在政策建議上，基於風險匹配模型中的「政策制度空間」，提出了創設技術創新銀行、加快發展多層次資本市場、設立技術創新風險投資損失補償基金、投貸聯動、貸貸聯動、貸保聯動新模式等具有較強應用價值的政策建議。

潘功君博士在專著創作中確實下了一番功夫，文如其人，人如其文。他是一個喜歡琢磨的人，專著就是在琢磨中一筆一畫地寫出來的；他是一個充滿激情的人，總是做自己喜歡的事情，總是充滿激情地去做；他是一個熱愛生活的人，在陽光下讀書、品茗、澆灌，收穫芳草遍地、花滿枝頭的時刻。

應對世界百年未有之大變局的重大戰略選擇，是對在關鍵性基礎性重大改革上突破創新的戰略安排，是對堅持以高水準開放推動深層次市場化改革的重要要求。當今世界，以大數據、物聯網、人工智能等為核心的新一輪科技革命和產業變革，正在成為影響各國競爭力和大國興衰的重要力量。各國搶占制高點的競爭更趨激烈，「關鍵核心技術是國之重器」「國之重器必須立足於自身」，把更多人力物力財力投向核心技術研發，集合精銳力量，做出戰略性安排。今年，一場突如其來的新型冠狀病毒肺炎疫情給中國和全球經濟社會帶來了深刻變革和深遠影響。不久前，上海出抬措施鼓勵金融機構加大對集成電路、生物醫藥、人工智能等重點領域的信貸支持。這些新的時代背景、重大舉措和工作要求，對「技術創新的金融支持機理」提出了觀察和分析的新角度、理論和實踐的新命題、政策和制度的新突破。希望潘功君博士在已有研究的基礎上對這些新問題繼續做出探索，也祝願他在探索中取得新的成果。

　　以上文字，是以為序。

趙德武

摘要

技術創新是經濟增長的源泉，而現代經濟社會的技術創新又離不開金融的支持。深入研究技術創新的金融支持機理，科學地揭示技術創新金融的本質特徵及其運行規律，對於中國技術創新金融支持理論與實踐發展，無疑具有重要的理論與實踐意義。

本書基於技術創新的基本特徵，從金融的多種功能中歸納出金融支持技術創新的四大基本功能，從而構建了 FRIS 分析框架，並建立了與之相應的理論模型。根據這一理論模型，筆者利用問卷調查數據，實證檢驗了技術創新風險與金融機構風險容忍度之間的匹配關係，並據此提出了金融支持技術創新的相關政策建議。

本書共分為七章，按照「文獻梳理—問卷調查—理論研究—實證檢驗—政策建議」的脈絡遞進展開分析，著力揭示技術創新的金融支持機理。本書的主要價值體現在五個方面。

第一，通過梳理理論文獻，在對金融的一般功能進行綜述的基礎上，本書提煉歸納出金融支持技術創新的四大基本功能，即融資支持功能（finance）、風險管控功能（risk）、信息管理功能（information）和服務提升功能（service），構建起金融支持技術創新的 FRIS 分析框架，分別給出了 FRIS 四大功能的傳導路徑，分析了技術創新的金融支持機理。融資支持功能是金融系統普遍具有的，技術創新的高收益特徵是對金融機構的融資激勵，但不同的金融機構在風險管控上能提供的支持有所不同，在信息管理

與服務提升方面也有各自的優劣勢。同時，本書探討了不同階段、不同類型的技術創新對金融體系的差異化需求，發現運用 FRIS 分析框架，可以解釋不同階段與不同類型的技術創新對金融體系所提出的不同要求。隨著技術創新企業從種子期到初創期、成長期、成熟期的遞進，企業的資金需求量逐漸增大，技術創新風險逐步下降。但隨著企業規模的擴大與層級增加，信息的不對稱程度會加重，這對金融機構的信息管理與服務提出了更高的要求。漸進式技術創新與突變式技術創新所需要的金融功能有各自的側重點。

第二，本書基於 FRIS 分析框架，建立了金融支持技術創新的理論模型。在只有金融市場與金融仲介兩種融資渠道的單時期經濟社會的假設下，本書對技術創新風險與金融機構風險容忍度之間的匹配關係做了深入細緻的研究，以投資與否為臨界條件，推導出金融市場融資的邊界條件、金融仲介融資的邊界條件及金融市場與金融仲介共存的條件，系統闡述了技術創新風險與金融機構風險容忍度之間的關係，建立了在這三個條件下技術創新風險與金融機構風險容忍度的匹配模型，從理論上解釋了技術創新的不同階段的融資優序現象。從匹配模型來看，在技術創新的初始階段，技術創新風險很高，處於不融資區域，企業進行技術創新不能獲得金融體系的支持；在技術創新的中期階段，技術創新風險有所下降，處於金融市場可容忍的區域，企業可以通過金融市場獲得融資，金融仲介則無法給予支持；在技術創新的後期階段，技術創新風險大幅下降，處於金融市場與金融仲介都可容忍的區域，兩者都可以為企業進行技術創新提供融資支持。另外，基於上述的技術創新風險與金融機構風險容忍度匹配模型，本書利用靜態比較分析法，研究了技術創新的高風險高收益特徵、投資者意願、非技術創新平均淨回報及創新創業環境等因素變化對技術創新融資邊界的影響。

第三，本書做了大量的問卷設計與調查工作，獲得了研究所需要的相

關數據。為了瞭解中國技術創新的金融支持現狀，筆者設計了兩份分別針對高新技術企業與銀行、風險投資、私募基金的調查問卷，共調查了30家高新企業、103家銀行（其中，國有商業銀行57家、股份制商業銀行33家、其他銀行13家）、24家風險投資與私募基金機構。為了實證檢驗技術創新風險與金融機構風險容忍度之間的匹配關係，筆者設計了包括46個風險指標的三種調查問卷，即專家評級問卷、高新技術企業風險調查問卷、金融機構風險容忍度調查問卷，共收回專家評級問卷5份，高新技術企業風險調查問卷121份，金融機構風險容忍度調查問卷91份（其中，來自銀行從業人員的有44份、來自風險投資或私募基金從業人員的有40份、來自其他金融機構的有7份）。

第四，本書利用問卷調查數據，分析了技術創新的金融支持現狀，實證檢驗了技術創新風險與金融機構風險容忍度之間的關係。通過描述性統計分析，筆者發現，目前中國金融支持技術創新的功能和作用總體上是有限的。在實證檢驗中，筆者通過採用統一的風險指標體系，解決了技術創新風險與金融機構風險容忍度之間的可比性問題；通過設計不同於以往文獻的專家評級調查問卷，有效規避了權重評估的一致性問題，綜合使用基於正互反矩陣與模糊互補矩陣的主觀定權法和基於粗糙集理論的客觀定權法，確定風險指標的權重，採用層次分析法評估了高新技術企業所處不同階段的技術創新風險和不同金融機構的風險容忍度，得到了基於層次分析法的評級模型和基於指標權重的評分模型。實證研究表明：高新技術企業在不同發展時期需要不同的金融機構來支持，存在最優的融資優序；以風險投資與私募基金機構為代表的金融市場直接融資易於滿足技術創新初期發展需要，而到了發展中後期，技術創新更易於獲得以銀行為代表的金融仲介融資。實證模型同時表明，技術創新風險與金融機構風險容忍度之間存在結構上的不匹配，兩者之間存在「缺口」。要彌合這一缺口，存在兩條路徑，即降低技術創新風險與提高金融機構風險容忍度，從而形成了政

策制度空間。

　　第五，在瞭解中國技術創新的金融支持現狀、揭示技術創新的金融支持機理、構建風險匹配模型及對其進行實證檢驗的基礎上，本書提出了相關政策建議：一是構建技術創新金融體系；二是推動技術創新金融仲介機構的發展，為金融機構與技術創新企業之間搭建起溝通的橋樑與平臺，提高金融機構的風險容忍度；三是建立風險投資補償基金，將政府對技術創新企業的研發補貼的一部分用於建立風險投資損失補償基金，發揮槓桿效用，撬動更多的社會資金投資於技術創新領域；四是創新金融產品與金融服務，大力探索與發展貸貸聯動、投貸聯動、貸保聯動等金融服務新模式，減少技術創新失敗帶來的損失，提高金融機構對技術創新的風險容忍度；五是建立創新創業徵信系統，緩解信息不對稱，防範技術創新領域的逆向選擇與道德風險。

目錄

1 導論 / 1
  1.1 研究背景與研究意義 / 1
    1.1.1 研究背景 / 1
    1.1.2 研究意義 / 3
  1.2 研究思路與研究框架 / 4
    1.2.1 研究思路 / 4
    1.2.2 研究框架 / 5
  1.3 研究方法 / 6
  1.4 主要創新與不足之處 / 7
    1.4.1 主要創新 / 7
    1.4.2 不足之處 / 8

2 理論基礎與文獻綜述 / 10
  2.1 技術創新的定義及其特徵 / 10
    2.1.1 技術創新的定義 / 10
    2.1.2 技術創新的特徵 / 12
  2.2 金融發展與技術創新 / 16
    2.2.1 銀行體系與技術創新 / 16
    2.2.2 資本市場與技術創新 / 17
    2.2.3 風險投資與技術創新 / 18
  2.3 總結與評述 / 19

3 技術創新的金融支持的現狀分析 / 21

3.1 高新技術企業技術創新的金融支持的現狀調查 / 21
  3.1.1 高新技術企業的基本信息 / 21
  3.1.2 高新技術企業的生產經營狀況 / 22
  3.1.3 高新技術企業的研發狀況 / 22
  3.1.4 高新技術企業的資金狀況 / 22
  3.1.5 高新技術企業的融資狀況 / 23
  3.1.6 總結 / 24

3.2 風險投資機構、私募基金和銀行對高新技術企業的金融支持的對比分析 / 25
  3.2.1 對高新技術企業投資的概況 / 25
  3.2.2 行業與公司篩選、風險評估與風險控制 / 27
  3.2.3 總結 / 30

3.3 本章小結 / 30

4 支持技術創新的金融功能分析框架 / 32

4.1 金融體系的一般功能 / 32

4.2 技術創新的金融支持功能 / 35
  4.2.1 融資支持功能 / 35
  4.2.2 風險管控功能 / 39
  4.2.3 信息管理功能 / 41
  4.2.4 服務提升功能 / 44

4.3 金融支持技術創新的 FRIS 分析框架 / 45
  4.3.1 FRIS 分析框架概述 / 45
  4.3.2 技術創新階段與 FRIS 分析框架 / 46
  4.3.3 技術創新類型與 FRIS 分析框架 / 51

4.4 金融支持技術創新的理論模型 / 52
  4.4.1 理論建模 / 52

4.4.2 技術創新風險與金融機構風險容忍度 / 55

4.4.3 比較靜態分析 / 60

4.5 本章小結 / 64

5 技術創新風險與金融機構風險容忍度的匹配分析 / 65

5.1 技術創新的風險特徵 / 65

5.1.1 技術創新的橫向風險 / 65

5.1.2 技術創新的縱向風險 / 68

5.2 技術創新的風險評估模型 / 70

5.2.1 風險評估系統 / 70

5.2.2 主觀定權法 / 73

5.2.3 客觀定權法 / 77

5.2.4 綜合評估模型 / 78

5.3 數據獲取與統計描述 / 79

5.3.1 調查問卷設計 / 79

5.3.2 數據統計描述 / 80

5.4 技術創新風險與金融機構風險容忍度的評估與匹配 / 82

5.4.1 評價指標的權重確定 / 82

5.4.2 基於層次分析法的評級模型 / 86

5.4.3 綜合評分模型 / 89

5.4.4 技術創新風險與金融機構風險容忍度的結構化差異 / 90

5.4.5 政策含義 / 93

5.5 本章小結 / 94

6 技術創新的金融支持政策實踐與建議 / 95

6.1 技術創新的金融政策實踐 / 95

6.1.1 技術創新的金融支持的政策梳理 / 96

6.1.2 技術創新的金融支持的發展 / 99

6.1.3 技術創新企業「融資難」問題突出 / 101

目錄 | 3

- 6.2 技術創新金融支持的政策建議 / 102
  - 6.2.1 基本原則 / 102
  - 6.2.2 建立全方位的技術創新銀行體系 / 103
  - 6.2.3 建立多層次的資本市場體系 / 105
  - 6.2.4 建立規範有序的創新投資體系 / 107
  - 6.2.5 積極推動技術創新金融服務仲介機構的發展 / 108
  - 6.2.6 設立技術創新風險投資損失補償基金 / 109
  - 6.2.7 創新金融產品與金融服務 / 111
  - 6.2.8 建立創新創業徵信信息系統 / 112
- 6.3 本章小結 / 113

7 主要結論與展望 / 115
- 7.1 主要結論 / 115
- 7.2 未來展望 / 118

參考文獻 / 119

附錄 / 124
  - 附錄1：高新技術企業風險調查問卷 / 124
  - 附錄2：銀行、風險投資與私募基金調查問卷 / 131
  - 附錄3：技術創新橫向風險的經濟含義 / 138
  - 附錄4：風險評價指標調查問卷 / 145
  - 附錄5：專家評級調查問卷 / 149
  - 附錄6：金融機構風險容忍度調查問卷 / 153
  - 附錄7：調查結果 / 156

後記 / 160

1 導論

本章主要概述本書研究的經濟社會背景、研究的理論和實踐意義，以及研究的思路、框架和方法，為揭示技術創新的金融支持機理提供一個分析起點。

1.1 研究背景與研究意義

1.1.1 研究背景

改革開放以來，中國根據自身資源禀賦條件和人口紅利的比較優勢，結合中國具體國情和生產力發展的階段性特徵，選擇了「要素投入驅動、投資拉動」的經濟發展模式。這一發展模式在過去幾十年的實踐中取得了巨大成功，中國經濟總量躍居世界第二，人民生活水準顯著提高。

然而，隨著中國在環境資源和勞動力兩個方面的低成本優勢的逐漸喪失，宏觀經濟運行步入新常態，呈現出以下特徵：經濟增長速度由高速增長轉向中高速增長；經濟發展方式由規模速度型轉向質量效率型；要素禀賦結構由低成本勞動力優勢轉向資本、技術與人力資本質量優勢；經濟結構調節由增量擴能為主轉向調整存量與優化增量並重的深度調節；增長動力由要素投入、投資驅動轉向創新驅動；經濟資源配置方式與制度環境由政府主導型轉向市場主導型。在經濟發展新常態下，要真正實現創新驅動，技術創新更顯緊迫、尤為重要，因為技術創新是創新驅動的核心。

中國經濟發展進入新常態，是原有經濟增長動力逐步衰減、經濟潛在增長率逐漸下降的必然結果，也是中國經濟結構調整的戰略性選擇。隨著中國經濟結構調整的逐步深入，過去的需求刺激、投資拉動漸漸難以擔當經濟增長動力的重任，如果繼續採用過去的「老辦法」來穩定增長，不但會進一步造成資源錯配，還會加劇經濟結構的扭曲。2015 年，中國人民銀行降準 5 次，中華

人民共和國國家發展和改革委員會（以下簡稱國家發改委）新批基建項目超過2萬億元，但寬鬆的財政貨幣政策仍然難以改變經濟下滑的大勢。2009—2010年的4萬億投資刺激雖然收到了短期效果，但也給中國經濟帶來了「去產能」的空前壓力。依賴投資刺激推動經濟增長難以為繼。顯而易見，中國經濟面臨的問題並非短期的、週期性的外部衝擊，而是中長期的結構性矛盾。單純依靠貨幣政策和財政政策等短期需求管理已很難有效解決經濟發展的深層次問題，從供給側尋找新增長動力、轉向創新驅動發展模式，成為中國經濟發展的必由之路。供給側結構性改革，主要是指對要素投入側（包括勞動力、土地、資本和創新四個要素）和生產側的革新與再造；而供給側改革的核心是通過制度設計與政策安排，提升國家整體創新能力，特別是企業技術創新能力。

2015年3月，中共中央、國務院發布的《關於深化體制機制改革加快實施創新驅動發展戰略的若干意見》明確指出，創新是推動一個國家和民族向前發展的重要力量，也是推動整個人類社會向前發展的重要力量；並特別強調，面對全球新一輪科技革命與產業變革的重大機遇和挑戰，面對經濟發展新常態下的趨勢變化和特點，面對實現「兩個一百年」奮鬥目標的歷史任務和要求，必須深化體制機制改革，加快實施創新驅動發展戰略。2015年6月，國務院頒布的《關於大力推進大眾創業萬眾創新若干政策措施的意見》明確指出，要堅持實施創新驅動的發展戰略，依靠改革加快對傳統經濟增長驅動力進行改造提升。「大眾創業、萬眾創新」戰略的實施有利於新興產業的迅速發展，能夠增加就業崗位和市場的有效供給。創新成為國家發展的新引擎。

中國的創新水準雖然在逐步提高，但總體水準仍然比較落後。根據國家統計局社科文司「中國創新指數研究」課題組的測算，以2005年為基期，創新指數為100，2011年中國創新指數為139.6，年均增長5.7%，其中創新投入指數年均增長率為5.9%，創新成效指數年均增長率為4.4%，這表明中國創新能力正穩步提升，但從國際比較來看，中國還不是創新強國。中國科學技術發展戰略研究院發布的《國家創新指數報告2014》顯示，在40個國家中，中國在2013年的國家創新指數排名為第19位，而排名前5位的國家依次為美國、日本、瑞士、韓國和以色列（見圖1.1）。進一步看，在構成國家創新指數的創新資源、知識創造、企業創新、創新績效、創新環境5項一級指標中，中國在創新資源上位居第29位，在知識創造上排名第19位，在企業創新上排名第13位，在創新績效上排名第11位，在創新環境上排名第13位。中國的核心技術長期受制於人，這與中國的大國地位很不匹配。

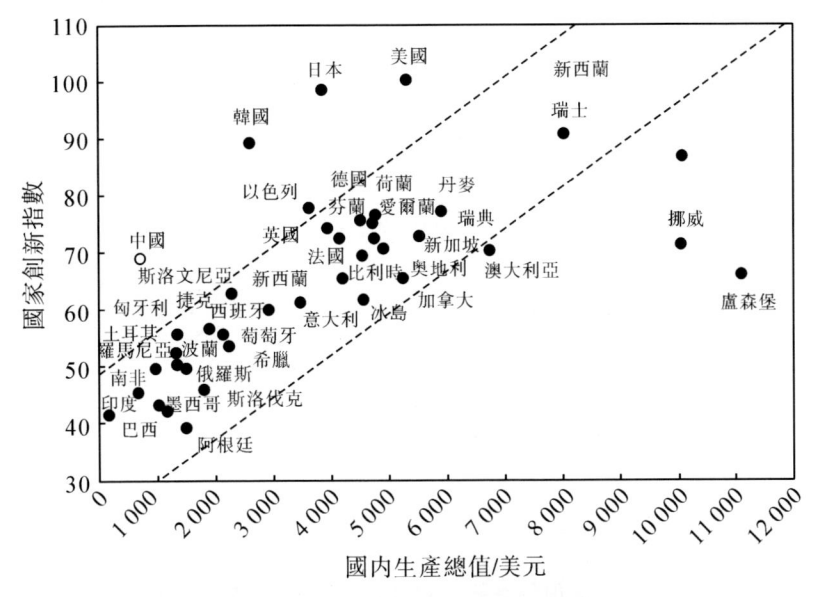

图 1.1　2014 年部分国家的创新指数

1.1.2　研究意义

技术创新是经济增长的源泉，这不仅已经成为理论界的共识，而且也为各国经济增长的实践所证明。技术创新能够促进经济增长，调整产业结构，实现经济结构转变，提高经济发展质量（黄茂兴 等，2009），全面提升一个国家的核心竞争力和综合实力。

金融是现代经济的核心，在资源配置上发挥着主渠道作用，技术创新显然离不开金融的支持。而技术创新的高投入、高风险、高回报等固有特征对金融支持提出了特殊要求，尤其要求能够提供与其匹配的制度安排和金融服务。深入研究技术创新的金融支持机理，系统构建技术创新的金融支持的理论体系，科学把握技术创新的金融支持的本质特征及其运行规律，从而为金融支持技术创新提供理论支撑，为政府和金融机构在支持技术创新上提供实践指导，具有十分重要的理论意义和实践意义。

目前，中国理论界对金融如何作用于技术创新还没有形成共识，也尚未建立起比较完善的理论分析框架。在实践中，虽然中国已初步建立起包括各类金融仲介和金融市场的金融体系，但是在经济发展新常态下，如何从制度设计上让金融更好地支持技术创新，从而使金融得到更好的发展，以及如何完善相关法律政策让金融行业更好地服务于技术创新，进而为国家创新驱动战略服务，

是值得研究的重大課題。

本書試圖探究金融體系在支持技術創新中扮演何種角色，金融支持技術創新的內在機理究竟何在，金融支持技術創新的政策措施該如何選擇。我們希望在政府這只「有形之手」和市場這只「無形之手」的合力作用下，發揮金融創新對技術創新的助推作用，培育壯大創業投資和資本市場，提高銀行信貸支持技術創新的靈活性和有效性，形成各類金融工具協同支持創新發展的良好局面。

1.2 研究思路與研究框架

1.2.1 研究思路

本書的總體研究思路是：首先，提出問題，進行文獻綜述與現狀分析；其次，分析問題，在分析機理的基礎上構建理論模型；最後，解決問題，依據實證研究結論，提出相關政策建議。具體來說：

第一，筆者從技術創新的本質特徵出發，從銀行體系、資本市場、風險投資三個方面梳理金融與技術創新的有關文獻，並做出評述，明確研究方向；同時，通過對高新技術企業和金融機構的問卷調查，對中國金融支持技術創新的現狀進行分析，從而為後文的機理分析奠定基礎。

第二，筆者從金融功能的視角，在梳理金融體系一般功能的基礎上，篩選出與技術創新本質特徵相匹配的四大功能，即融資支持功能（finance）、風險管控功能（risk）、信息管理功能（information）和服務提升功能（service），並分別對它們支持技術創新的機理展開分析，進而提出了「FRIS 分析框架」，並運用這一分析框架，分析技術創新不同階段、不同類型所需要的不同金融支持功能。同時，筆者還提出了 FRIS 分析框架的一個理論模型。

第三，筆者從風險匹配的視角，通過分析技術創新的風險特徵，設計了一種技術創新風險的評估方法，並就同樣的風險因子評測金融機構對技術創新的風險容忍度；在風險評估的基礎上，建立了風險匹配模型，對現有技術創新的金融支持體系在風險上是否匹配進行了實證檢驗。

第四，筆者從政策實踐的視角，提出了「技術創新金融體系」這一新的概念，並就金融如何支持技術創新的制度安排，提出構建技術創新金融體系、推動技術創新金融仲介機構發展、建立風險投資補償基金、建立創新創業徵信系統等相關政策建議。

1.2.2 研究框架

筆者在一般性闡述技術創新的概念及其風險特徵的基礎上，從四個層面展開研究：一是通過問卷調查的形式，瞭解現有金融體系對技術創新的支持狀況；二是從金融的一般功能中提煉最能支持技術創新的金融功能，構建了FRIS分析框架並建立了理論模型；三是在前述理論建模基礎上實證檢驗技術創新風險與金融機構風險容忍度之間的匹配關係；四是研究技術創新的金融支持政策。本書的研究框架如圖1.2所示。

```
提出問題 ──→ 第1章  導論
             第2章  理論基礎與文獻綜述
             第3章  技術創新的金融支持的現狀分析
分析問題 ──→ 第4章  支持技術創新的金融功能分析框架
             第5章  技術創新風險與金融機構風險容忍度的匹配分析
             第6章  技術創新的金融支持政策實踐與建議
解決問題 ──→ 第7章  主要結論與展望
```

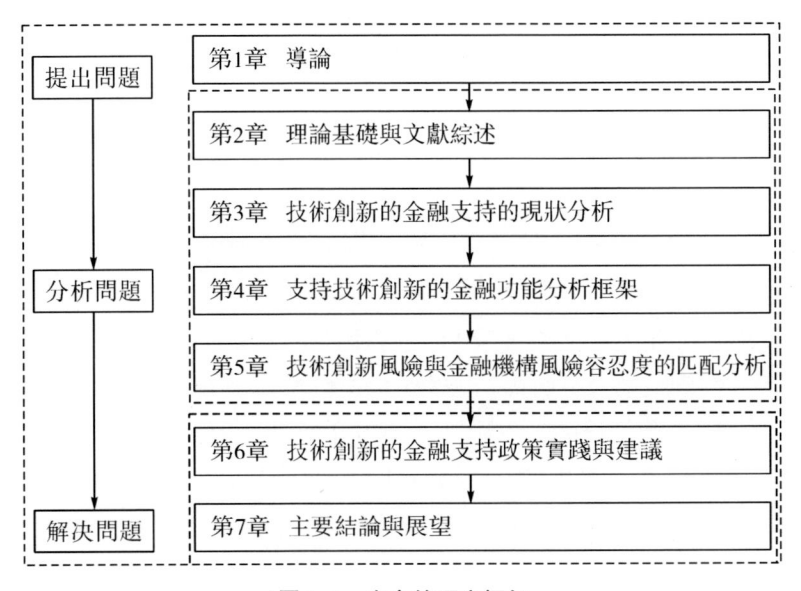

圖1.2　本書的研究框架

具體而言，各章節安排如下：

第1章為導論。本章闡明了本書的研究背景和研究意義，提出本書的研究思路和框架，指出本書所採用的研究方法，概述本書的主要創新和不足。

第2章為理論基礎與文獻綜述。本章首先闡述了技術創新的本質及其特徵，然後綜合國內外有關研究文獻，從銀行、資本市場、風險投資三個方面歸納金融與技術創新的主要研究成果，對現有研究進行評述，明確研究的起點與主要問題。

第3章為技術創新的金融支持的現狀分析。一方面，筆者通過調查問卷的形式對技術創新型企業的基本情況、研發狀況以及所獲得金融支持等方面進行了分析；另一方面，筆者以銀行和風險投資、私募基金為金融機構代表，分析

了它們對技術創新型企業的支持力度。根據問卷調查的結果，筆者發現中國金融體系對技術創新的支持在銀行業表現不明顯，技術創新企業仍然存在融資難、融資貴的問題。

第4章為支持技術創新的金融功能分析框架。筆者基於金融功能與技術創新特徵的視角對技術創新的金融支持機理進行了探討，在梳理金融一般功能的基礎上，提煉出了金融體系比較重要的四大功能，建立FRIS分析框架，並就不同階段和不同類型的技術創新進行分析研究，構建理論模型來分析金融體系對技術創新的支持。

第5章為技術創新風險與金融機構風險容忍度的匹配分析。筆者基於風險匹配的視角對技術創新的金融支持機理進行了探究，分別從技術創新主體的風險特徵和金融機構的風險容忍度出發，設計風險評估方法，構建風險匹配模型，並通過調查問卷數據對風險匹配模型進行了檢驗，發現了技術創新風險與金融機構風險容忍度之間存在結構性的不匹配，兩者之間形成了政策制度空間。

第6章為技術創新的金融支持政策實踐與建議。筆者提出了「技術創新金融」的新概念，在總結現有金融支持技術創新的政策實踐基礎上，提出了以下建議：構建與完善技術創新金融體系、積極推動技術創新金融服務仲介機構的發展、建立風險投資損失補償基金、建立創新創業徵信信息系統。

第7章為結論與展望。本章歸納了本書主要研究結論，對未來進一步的研究進行展望。

1.3 研究方法

根據本書的研究對象和研究內容，筆者在研究的過程中主要採用了如下方法：

（1）綜合分析與邏輯歸納相結合。由於對技術創新的金融支持的研究涉及的知識面寬、範圍較廣，比較難於把握，因此，筆者在研究中綜合運用了金融學、經濟學、管理學等人文社科領域的研究方法，緊密圍繞本書研究的核心問題——技術創新的金融支持，進行了較為嚴密的邏輯推演，層層遞進。筆者先對技術創新的概念進行了清晰的界定，進而歸納出技術創新的基本特徵；然後從金融功能和風險匹配兩個視角分別提出了FRIS分析框架和風險匹配模型，

不僅為研究技術創新的金融支持提供了理論模型，還對風險匹配模型進行了實證案例分析；最後從多個方面提出了合乎邏輯的政策建議。

（2）規範研究與實證研究相結合。筆者擬通過對金融發展與技術創新有關方面的文獻進行梳理，按照理論框架和邏輯順序，結合國內外有關研究理論與實踐，從金融功能視角探究了技術創新的金融支持機制，提出了 FRIS 分析框架。在實證研究中，筆者通過對風險匹配模型進行實證檢驗，發現技術創新與金融支持之間的不匹配為政策制度提供了改進的空間，為提出切實有效的政策建議奠定了堅實的理論基礎。

（3）定性分析與定量分析相結合。本書的研究主要採用的是定性分析方法，以定量分析方法為輔。在金融功能的研究中，筆者通過建立數理模型對技術創新的金融支持進行了分析和研究；在風險匹配視角下，為了更好地說明問題，對技術創新主體和金融機構的風險都予以了定量的測度，並在此基礎上，建立了匹配模型；結合相關數據對匹配模型進行了檢驗，揭示了金融機構的風險與技術創新主體存在的不匹配現象，還需要相關政策來促成兩者在風險上相匹配。

1.4　主要創新與不足之處

1.4.1　主要創新

第一，筆者從技術創新的本質特徵出發，歸納提煉出金融體系與之相適應的四大基本功能，即融資支持功能、風險管控功能、信息管理功能和服務提升功能，從而構建金融支持技術創新的 FRIS 分析框架。基於 FRIS 分析框架，筆者在只考慮金融市場和金融仲介兩種融資渠道的單時期抽象經濟社會中，通過研究投資技術創新的臨界條件與技術創新風險和金融機構風險容忍度之間的匹配關係，給出了支持技術創新的金融市場與金融仲介共存的條件，並在此條件下建立了匹配模型，從理論上解釋了技術創新不同發展階段的融資優序現象。此外，筆者還用此模型分析了技術創新本身的特性、投資者意願、非技術創新平均淨回報、信息不對稱程度及外部的創新創業環境等因素對技術創新獲得融資的影響，比較了金融市場和金融仲介在不同情況下對技術創新的支持。

第二，筆者對高新技術企業、私募和風險投資機構、銀行進行了問卷調查。對高新技術企業的調查重點在於其獲取金融支持（主要是融資支持）的

難易程度，對金融機構（私募和風險投資、銀行）的調研重點在於其對高新技術企業的投資或放款意願。為了檢驗技術創新風險與金融機構風險容忍度之間的匹配關係，筆者以層次分析法為基礎，設計了涵蓋46個風險指標的3種調查問卷：專家評級調查問卷、高新技術企業風險調查問卷、金融機構風險容忍度調查問卷。筆者在確定各風險因素的權重時，綜合使用了主觀定權法（基於正互反矩陣和模糊互補矩陣）和客觀定權法（基於粗糙集理論）。在獲取專家評級數據時，筆者設計了一種新的方法，有效避免了非一致性問題，保證了主觀定權法的有效性。由於三種類型的調查問卷具有相同的風險指標體系，有效解決了技術創新風險與金融機構風險容忍度之間的可比性問題，所以我們獲得了技術創新風險與金融機構風險容忍度之間的評級模型和綜合評分模型，並發現了兩者之間的結構化差異。

　　第三，筆者在技術創新風險與金融機構風險容忍度的匹配模型中發現了「政策制度可改進的空間」，為技術創新的金融支持政策的制定提供了思路，從而提高金融體系的整體風險容忍度。筆者通過考察中國近些年各地區頒布的支持技術創新的金融政策的實踐效果，提出了構建技術創新金融體系的政策建議：一是構建技術創新金融體系，加快建設有別於綜合性商業銀行與政策性銀行的技術創新銀行，大力發展多層次資本市場並完善升級轉板退市制度，規範發展風險投資和私募股權基金；二是積極推動技術創新金融服務仲介機構的發展，緩解金融機構與高新技術企業之間的信息不對稱，提升金融服務水準，提高金融支持質量；三是設立技術創新風險投資損失補償基金，降低風險投資的進入門檻，對投資於技術創新且符合條件的風險投資進行風險兜底；四是創新金融產品與金融服務，大力探索與發展貸貸聯動、投貸聯動、貸保聯動等金融服務新模式；五是加快建立創新創業徵信信息系統，整合創新創業信息，降低融資風險。

1.4.2　不足之處

　　鑒於本書研究命題的特殊性，加之筆者能力水準的限制，本書也存在一些不足之處。

　　一是本書在FRIS分析框架基礎上構建的理論模型雖然能在一定程度上說明問題，但與複雜的現實世界仍有不少差距。技術創新企業多元化的融資需求可能要求更加複雜的模型來解釋金融機構對技術創新的支持機理。此外，本書

中的理論模型的假設條件較強，如各參數互相獨立、單時期、簡化的銀行投資模式等。

　　二是本書在理論研究和問卷調查的基礎上提出的政策建議具有較強的可行性，但並未估量探討各項政策建議付諸實施的效果，也沒給出政策實踐的具體步驟，還未細緻考量政策的成本與收益，因而相關政策建議只能作為政策決策者的參考。關於技術創新的金融支持政策的研究還有待進一步深化。

2 理論基礎與文獻綜述

在分析技術創新的金融支持機理之前，我們有必要界定清楚技術創新的概念和特徵，總結已有有關金融發展與技術創新的研究成果，並以此為基礎，找準本研究的方向。

2.1 技術創新的定義及其特徵

2.1.1 技術創新的定義

在經濟領域中，最早提到創新的是著名的美籍奧地利經濟學家、哈佛大學教授熊彼特。熊彼特認為，生產體系中新產生的生產要素組合就是「創新」。1942年，熊彼特進一步提出了「創新是創造性破壞的過程」的新概念。

本書的研究對象「技術創新」是「創新」的一種特殊表現形式，兩者是包含與被包含的關係，即創新包含技術創新，一切技術創新都是創新，但並非所有創新都是技術創新。技術創新區別於一般意義上的創新，著重強調了創新的來源或者主要的作用層面，即通過技術渠道產生的創新，或者說創新主要作用於技術層面。從狹義上來講，技術創新是指生產技術提高方面的創新，比如運用先進的機器設備，改進工藝流程，在某一技術上取得重大突破等。從廣義上來說，技術創新指的是有利於提升產品質量和性能的創新。從這個角度來看，產品的外觀設計創新屬於廣義技術創新範疇。隨著全球經濟結構的不斷優化，第三產業所占比重也在不斷增加，能提高服務水準的創新也應納入廣義的技術創新範疇。由於本書所研究的重點是金融體系對技術創新的支持機理，而不需對技術創新的範圍做深入探討，故本書所指的技術創新就是廣義的技術創新。

技術創新與科技創新的含義範圍也略有不同：科技創新包括科學創新和技術創新兩個方面。其中，科學創新的主體主要是科研院所和高等學校，而技術創新的主體主要是追逐經濟利益的企業及其研發部門。技術創新往往帶有較強的經濟目的，未來市場上的潛在需求是技術創新的根本激勵因素。這也給技術創新的主體提出了更為苛刻的要求：擁有前瞻性的戰略眼光，盡早發現未來市場上的需求；在當下努力攻堅克難，突破技術難關，提供市場需要而又沒有出現過的新產品和新服務。科學創新的主體也是在創造新的事物，但創新的動力往往並非來自經濟目的。「發現新現象，解釋新現象」是基礎科學研究的主要任務，這決定了很多基礎研究成果並不能立馬轉變為新的生產力，從而提高現有生產水準。當然，也有部分科研院所的研發是為了攻克某一特定的技術難題，並且其研究成果可立即付諸實踐生產，這也是帶有一定經濟目的的技術創新。但一般而言，科研院所的資金來源、管理服務等與企業有較大區別，金融體系對科研院所的支持力度十分有限。龔傳洲（2012）認為，「官、產、學、研、金」五位一體化的運行方式是現代科技創新的主要機制，這也從側面證明了金融體系對科技創新的支持更多是通過產業中的企業來實現的。因此，科技創新的含義比技術創新的含義更廣泛。

綜上所述，創新、科技創新、技術創新的概念的關係可用圖 2.1 表示。

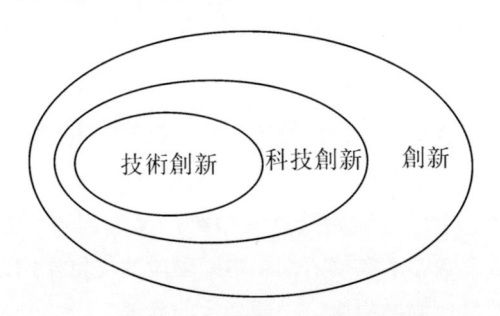

圖 2.1　創新、科技創新、技術創新的關係

世界各地的經濟學者、研究機構提出了相似的有關技術創新的概念，但各學者又有各自側重的看法或觀點。根據相關文獻，筆者提取有關技術創新概念的關鍵詞，整理匯總情況參見表 2.1。專家和研究機構對技術創新的定義包含的關鍵詞有：第一次、企業、新技術、新工藝、市場化價值。

表 2.1 有關技術創新概念的關鍵詞

專家或機構	關鍵詞
埃德溫·曼斯費爾德	發明，首次應用
弗蘭克·普雷斯	新科學知識，巧妙工程學，設計、製造、改進
弗瑞曼	首次引進，技術設計、生產、融資、管理和市場
森谷正規	通過技術進行的革新
唐納德·瓦茨	企業，開發發明成果，創造利潤
傅家驥	企業，技術突破，商業化過程
汪應洛	生產要素和生產條件的重新組合，經濟效益
許慶瑞	新思想的形成，滿足市場用戶的需要
經濟合作與發展組織（OECD）	產品創新、工藝創新
美國競爭力委員會	知識轉化過程，滿足顧客需求
美國國家科學基金會	將新產品或服務引進市場
美國國會圖書館研究部	新產品或新工藝的市場應用
中國國務院	企業，新知識、新技術、新工藝，實現市場價值

資料來源：根據相關文獻整理。

　　從事前、事中、事後三個方面來看，技術創新是一系列活動的動態演進過程。事前技術創新是技術創新開展起來的原因，指引著技術創新的方向。事中的技術創新可以理解為正在進行的技術攻關，是取得階段性成功的，或者已經取得專利授權但還未批量投放市場的技術突破。事後的技術創新特指已市場化的新產品或新服務，它已經開始給企業帶來優厚的經濟回報。在本書的研究中，我們需要探討金融體系在技術創新不同階段的支持作用以及機理，因此後文所指的技術創新是一個過程而非一個特定的狀態。

　　綜上，本書將技術創新定義為：企業根據前瞻性的經濟目標，利用人的創造性思維能力和科學技術，對現有的生產要素和生產方式予以重新整合、改造、升級，從初期投入到最終實現服務和產品產出的持續市場化運作過程。

2.1.2　技術創新的特徵

　　不論是何種創新，從無到有的過程必然充滿了不確定性，這也決定了要迎合企業經濟目標的技術創新必然有著更高的風險性，企業一旦做出技術創新的決策就必須同時承擔創新失敗所帶來的風險。企業作為理性經濟人，不可能只

承擔風險而不所求回報，這從另一個角度說明了技術創新的成功必須要具有高收益性，從經濟學角度講，這種高回報本質上就是風險溢價。除此之外，由於技術創新是一系列的創新過程，因而其必然需要持續的高額投入，這為技術創新的金融支持提供了最為基本的邏輯入口。此外，技術創新成功後容易遭受競爭對手的模仿，產生極大的溢出效應，這種溢出效應更是給企業的技術創新決策帶來了潛在的負向影響，同時也使得企業在技術創新過程中不得不使創新成果保持較高的隱蔽性。所以，技術創新在企業管理中往往被視為商業機密，尤其是生產配方的改良、技術工藝的提升等更被視為企業的核心競爭力。綜上所述，本書從技術創新的高風險性、高收益性、高投入性、高溢出性、高隱蔽性五個角度對相關文獻進行歸納整理。

2.1.2.1 技術創新的高風險性

毋庸置疑，高風險性是技術創新的第一大特徵。袁澤沛等（2002）認為，技術創新風險從概率上理解就是技術創新活動失敗的可能性，因為在技術創新過程中存在著各種外部不確定或者難以有效控制的因素。他們認為，技術創新的「失敗」至少有三種不同的含義：①技術創新因為技術突破有難度而停止；②技術創新的效果未達預期；③技術創新的商業化失敗。這實際上是根據技術創新過程在何時終止來確定技術創新失敗與否的。

企業在進行技術創新時會面臨多個層面的不確定風險因素，比如政策層面、經濟層面、技術層面、市場層面、管理層面、財務層面等。因此，無論是在國內還是國外，技術創新成功率是很低的。從國外的調查數據來看，美國經濟學家埃德溫·曼斯費爾德（Edwin Mansfield）於1981年對美國企業做過一次調查，其統計結果顯示：技術開發項目的技術成功率、商業成功率和經濟成功率分別為60%、30%和12%，即相對應的失敗率分別高達40%、70%和88%。就國內的技術創新情況來看，中國學者盧小賓（2004）長期跟蹤調查了聯想集團、中國聯合通信有限公司、TCL集團股份有限公司等國內重點信息企業實施的技術創新項目，發現創新成功的項目只占到總項目的65%，即第一種類型的失敗率為35%，而這其中開拓了新市場的項目僅占比9%，即第三種類型的失敗率為91%。根據本書對技術創新的定義，技術創新只要沒有商業化運作成功都算是失敗，那麼上述文獻給出的技術創新失敗率應該在90%左右。

由此可見，高風險性是技術創新的本質特徵。正因如此，如何管控技術創新的風險成為管理學中的一項重點研究內容。從邏輯上講，要科學地管控技術創新風險，首先要對風險進行分類，然後要識別風險，接著評估風險，最後才是風險的管控。週日寄中（2002）將風險分為八大類：決策風險、技術風險、

市場風險、組織風險、資金風險、信息管理風險、企業文化風險、外部環境風險。很多學者根據不同的項目特點，採用了不同方法對技術創新風險進行了評估：人工神經網絡預測法（管書華 等，2004）、模糊層次分析法（段秉乾 等，2008）、灰色可拓物元模型（索貴彬 等，2008）、ANP-GRAP 集成法（宋哲 等，2010）、貝葉斯網絡模型（陳帆 等，2014）等。在風險評估的因素模型中，以謝科範（1999）的「58 因素模型」最為典型。

2.1.2.2 技術創新的高收益性

由於技術創新具有高風險性，如果企業決定進行技術創新，也就意味著此項技術創新一旦成功，則必須在未來給企業帶來極大的正向現金流，其本質表現為一種風險溢價。

風險投資（venture capital，VC）是一種以獲取較高的投資回報率為目的，並以高技術創新型企業為主要投資對象的投資活動。國內外眾多學者通過研究發現，獲得過風險投資融資的成功技術創新項目往往會獲取較高收益。Bygrave 等（1992）對 13 家美國創新投資基金在 1969—1985 年的 383 個投資項目進行了跟蹤調查，其結果顯示，僅有 6.8% 的投資項目獲得了成功，但是這些成功項目的總回報率普遍高達 10 倍。其中，6.8% 的成功率是由技術創新的高風險性決定的，回報率高達 10 倍則反應了投資技術創新型企業的高額回報率。中國學者錢蘋等（2007）發現中國 56 個本土創業投資退出項目在 1999—2003 年的平均年資本回報率高達 22.45%；倪正東等（2008）通過分析 1997—2005 年中國 66 個創業投資項目的數據發現，退出項目時的平均總回報率高達 158%，單位風險投資資本平均退出期限為 1.97 年，相當於平均年化回報率高達 80%。由此可見，技術創新具有潛在的高收益性，這也正是其投資的價值所在。

2.1.2.3 技術創新的高投入性

技術創新是一段持續性的過程，加之其「從無到有」的創造性特點，必然需要大量的資金支持才能得以完成。大量的研發資金投入要求技術創新的主體必須擁有多種融資途徑，由此決定了金融體系對技術創新進行支持的最基本邏輯。

國家戰略層面推動的技術創新一般是由政府設立的專項資金予以支持，比如航空航天科技等。但是對於一般的企業技術創新而言，它們要麼將企業利潤或者企業註冊資本的一部分轉化為科學研究與試驗發展（R&D）投入，要麼從金融市場或政府 R&D 補貼中謀求外源性融資。Hall 等（2010）的研究結果表明：政府財政的 R&D 補貼、優惠的稅收政策、風險投資都為企業尋求外部融資提供了渠道。張杰等（2012）的研究結果指出：中國企業的現金流、註

冊資本和商業信用已經成為其 R&D 投入的重要融資渠道；中國企業的 R&D 融資體系呈現多樣化特點，主要表現為內源融資和非正式融資。

2.1.2.4　技術創新的高溢出性

技術創新的溢出效應本質上是經濟的外部性，即企業進行技術創新給自己帶來預期經濟收益的同時，還可能會對企業之外的經濟人產生影響。這種影響往往是正向的，即具有正的外部性。因為企業一旦技術創新成功，新產品和新服務會迅速搶占市場，在為企業帶來豐厚回報的同時，也會引起競爭對手的競相模仿。

容易看出，技術創新門檻高低直接影響著溢出效應的強度的高低，門檻越低則技術創新的溢出效應越強。潘文卿等（2011）利用中國 1997 年、2002 年、2007 年的投入產出表，測算出了中國 35 個工業部門在 1997—2008 年的產業相似度矩陣，並據此得到了衡量產業間的技術創新溢出效應的有效指標。他們的實證研究結果表明中國工業部門之間的技術創新溢出效應呈現出擴大趨勢，並且在工業部門之間，相似程度較高的部門技術創新溢出效應更為顯著。

另一個典型例子是：跨國公司將先進的技術帶到中國所產生的技術創新溢出效應。鄭秀君（2006）通過對 1994—2005 年的實證研究結果的整理發現，不論是採用何種方法或者針對哪一段時間，外商直接投資（foreign direct investment，FDI）的技術溢出效應大部分顯著為正，只有極少數的結果不顯著或者為負。魏守華等（2010）對中國 1997—2006 年的面板數據進行研究並得出：國內大學等科研機構所進行的技術創新具有顯著的溢出效應，出口學習則是國際技術溢出的重要渠道。

2.1.2.5　技術創新的高隱蔽性

正是由於技術創新具有較高的溢出效應，企業通過技術創新所擁有的市場壟斷地位很可能會因競爭對手的模仿而喪失，所以企業在進行技術創新時對保密工作高度重視。技術創新的高隱蔽性雖然能幫助企業維持其技術創新成功後的壟斷地位，但同時也為企業尋求外部融資支持帶來了嚴重的負面影響——信息不對稱。

當企業和金融機構在信息層面高度不對稱時，通常，企業是技術創新的信息優勢方，金融機構是技術創新的信息劣勢方。根據經濟學原理可知，信息不對稱極易導致逆向選擇和道德風險：最終獲得金融支持的很可能是風險極高的劣質項目；企業在獲得金融支持後，為追求高收益，很可能會進一步提高技術創新難度，增加技術創新的風險。苗啓虎等（2006）認為，造成技術創新融資的信息不對稱的因素有三個：主體分離、信息渠道不暢和高度的專業性。

2.2 金融發展與技術創新

20世紀90年代，國內研究技術創新的著述主要是從技術創新本身切入的，著重研究金融體系與技術創新關係的文獻較少，已有研究的研究重點在於技術創新的經濟效應和如何管理技術創新。其中，著名學者及其著作主要有：許慶瑞的《技術創新管理》(1990)、傅家驥的《技術創新——中國企業發展之路》(1992)、劉御林的《技術創新經濟學》(1993)、李恒的《企業技術創新機制論》(1994)、傅家驥的《技術創新學》(1998)。

但隨著中國金融體系的發展和中國對技術創新的需求越來越迫切，對金融發展與技術創新之間關係的研究也日益增多。孫伍琴（2004）研究了不同金融結構技術創新的績效的影響，以及不同特徵的技術創新的金融服務需求，並對金融發展與技術創新之間的關聯性進行了實證研究。李建偉（2005）提出了「技術金融一體化」概念，從金融視角對技術創新的本質進行了研究。朱歡（2012）從信息經濟學角度分析了各種金融安排對企業技術創新的作用機理。鄭文（2013）和陳凌佳等（2008）認為金融通過促進經濟體的技術進步而促進全要素生產率提高，金融效率發展的促進作用大於金融規模的促進作用。

金融體系最原始的功能就是為一切生產活動融通資金。為了保護投資本金，提高投資收益，金融機構往往還會採取風險控制、介入企業營運等多方面的管理措施。而金融機構的這些行為無疑會對企業的技術創新產生影響，但具體的影響路徑需要結合文獻加以研究。本節將從銀行體系、資本市場、風險投資三個方面進行文獻的歸納總結。

2.2.1 銀行體系與技術創新

不論是在市場主導型還是在銀行主導型的金融體系裡，銀行體系都是金融體系不可或缺的重要一環，而中國的金融體系明顯是以銀行為主導的。銀行從資金盈餘方（儲戶）吸收存款，再向資金需求方（企業）發放貸款，憑藉其在風險控制、信息優勢、法律等方面存在的規模經濟效應，從存貸差之間獲得不菲收益。銀行的極高負債率和其作為中國金融體系的支柱這兩大特點決定了銀行的風險承受能力極為有限，這也決定了銀行體系對高風險、高收益的技術創新的支持作用與其他金融體系有所區別。

有研究指出，銀行間的競爭程度對技術創新有著重要影響：20 世紀 80 年代，美國洲際銀行的放鬆管制對公共機構的科技創新能力有顯著的正向影響（Amore et al., 2013），它對私營小企業的科技創新能力也有正向作用，而州內銀行的放鬆管制卻產生了負面影響（Chava et al., 2013）；20 世紀 90 年代中期，美國洲際銀行的放鬆管制對具有外部融資依賴性的私營企業的技術創新產出具有顯著的正向影響，而對大型企業技術創新產出產生負面影響（Cornaggia et al., 2015）。

從企業債務違約的角度來看，技術創新具有高風險性，當銀行將資金提供給企業進行技術創新時，創新失敗的風險可能會導致銀行無法收回貸款，從而給銀行帶來潛在的債務違約風險。銀行在面臨債務違約風險時必然會考慮介入企業經營管理，使得企業不得不降低對技術創新的投入。Gu 等（2014）的研究表明，銀行介入在前三年將導致企業創新數量（以專利數量衡量）以 16.3%的平均水準下滑，但能提高企業創新質量（以專利引用數衡量）。

從信息經濟學的角度來看，銀行顯然具有信息優勢。在與企業長時間的往來中，銀行家更能及時瞭解技術創新項目的進展情況。Herrera 等（2007）通過分析義大利製造業的數據發現，與企業業務往來密切的銀行憑藉信息優勢，能給企業提供更長期的信貸支持，從而推動企業技術創新的發展。

此外，必須指出的是，由於銀行體系與生俱來的風險厭惡，因而在企業進行技術創新的初期，銀行通常不願意在這個階段提供融資支持（國麗娜 等，2014）。

2.2.2 資本市場與技術創新

從投融資角度看，企業進行技術創新所需要的資金來源主要有兩個：一是從銀行獲得貸款，二是通過資本市場獲取（靳雲匯 等，1998）。現如今，全球各地的資本市場在不同程度上設計了支持企業進行技術創新的上市機制，比如中國的創業板、新三板等。Manso（2011）認為，要促進企業技術創新，資本市場必須在短期內容忍企業的失敗風險，以長遠的視角來激勵企業進行創新。從這一視角來看，資本市場在激勵企業進行技術創新方面具有得天獨厚的優勢，因為投資者通過購買企業的股票，成為企業的股權人，與企業一起分擔了技術創新失敗的風險，相當於鼓勵企業勇於創新，從而可以享受技術創新成功帶來的高額收益。朱歡（2012）通過對中國股票市場的研究發現，在提高上市公司技術創新水準方面，股權融資比債權融資更好，中小板比主板更有效。Hsu 等（2014）通過對 32 個發達國家和新興國家的數據進行研究發現：在股

票市場發達的國家，依賴於外部融資的高精尖型科技創新行業的技術創新能力更強；但在信貸市場發達的國家，具有同樣特徵的行業的科技創新能力較弱。此研究表明：相比於信貸市場，股票市場更有利於技術創新。

從股票市場的公司治理角度看，在企業中進行技術創新決策的主體一般是具有經營管理權的高級管理人員，股票市場的流動性、機構投資者持股也會對企業創新產生影響。Fang 等（2014）認為，當企業股票市場流動性增強時，企業高管面臨被接管的可能性增大。具有長期高風險性的創新活動在短期內可能會降低企業市場價值，加大高管被接管的風險，因此為了增加企業的短期價值，企業高管會在股票流動性增加的情況下相應減少創新活動。Aghion 等（2009）通過對美國機構的持股數據進行研究發現，機構持股數與企業創新力呈正相關。Luong 等（2014）基於 26 個非美國經濟體在 2000—2010 年的企業層面數據，對企業股東結構與企業創新水準之間存在的關係進行了分析，發現增加企業的國外機構投資者的持股比例會有利於企業的創新。

2.2.3　風險投資與技術創新

風險投資又名創業投資，一般是指以高新技術企業為對象的具有高風險高收益的投資。廣義來看，所有追求高收益並承擔高風險的投資都可以被稱作風險投資。由此不難看出，風險投資者更為偏好具有光明前景的技術創新項目。有研究表明，一個行業中的風險投資活動越多，技術創新能力（以專利數來衡量）越高（Kortum et al., 2000）。美國 90%的高科技企業是通過風險投資發展起來的，第二次世界大戰以後，95%的科技發明與創新來自風險投資所投資的企業，這些企業成為美國經濟增長的重要源泉（呂煒，2002）。

一般來說，一個單獨的技術創新項目的風險是很難降低的（此處忽略通過管理學的方法對項目實施過程中的風險所進行的控制），而風險投資通過分散化投資來降低一攬子投資的整體風險，通過少數幾個技術創新項目的高額收益來彌補其他技術創新項目的損失，從而在整體上獲得較高的投資收益。風險投資家能在金融機構、高等學校、大型公司、企業集團和其他組織之間進行有效溝通，這使他們能降低投資風險，風險投資對技術創新的支持是一種非常好的金融模式（Florida et al., 1988）。

龍勇等（2012）通過對重慶、廣州、深圳的高新技術企業高管的調查問卷分析發現，風險投資的介入能夠提高企業獲取知識的靜態和動態能力，從而增強企業技術創新能力，同時還可以在一定程度上降低企業技術創新過程中的風險。不過，有些學者認為，在創業市場上引入風險投資並沒有像想像中那樣

能夠給企業提供更多的技術創新資源，對於促進企業技術創新能力的提升並無較大幫助，這一切都是創業板的過度投機造成的（陳見麗，2011）。

在研究不同的風險投資類型對企業技術創新的影響方面，Chemmanur 等（2014）根據風險投資的資金來源將其劃分為公司型風險投資類型（corporate venture capital，CVC）和獨立型風險投資類型（independent venture capital，IVC），並通過研究發現：母公司利用自有資本設立的公司型風險投資基金（CVC）具有更好的行業知識背景和對失敗的較高容忍度，與獨立型風險投資（IVC）相比可以更好地支持企業技術創新。

2.3 總結與評述

本章從技術創新的定義入手，重點區分了創新、科技創新、技術創新之間的關係，明確了技術創新的主體為企業，它是在逐利性的驅動下利用新知識或新想法探索出新技術和新工藝，生產新產品和提供新服務，實現商業化價值的持續過程。技術創新的本質特徵是高風險性，與高風險性所對應的是高收益性，並且技術創新要求非常高的前期持續投入，這為技術創新的金融支持提供了最直觀的切入點：有投資價值且需要金融體系的投資。由於技術創新的溢出效應明顯，因而企業為保持競爭力，通常會隱藏與技術創新有關的信息，將其作為商業機密和企業的核心競爭力，這又為金融體系提出了新的問題：如何在信息不對稱的情況下篩選出具有投資價值的技術創新型企業。技術創新的特徵中既有激勵金融體系投資的因素（高收益、高投入），也有限制金融體系資金流入的因素（高風險、高隱蔽）。因此，研究技術創新的金融支持是有必要且有意義的。

就「金融發展—技術創新—經濟增長」這一路徑的研究來看，中國國內早期研究技術創新的文獻主要是從技術創新本身入手的，研究的重點在於上述路徑的後半段，即論證技術創新對經濟增長的貢獻以及如何在生產過程中管理好技術創新項目。隨著金融的快速發展，越來越多的文獻開始研究金融與技術創新之間的關係，即上述路徑的前半段。大部分的文獻研究支持「金融發展有利於技術創新」這一樸素的結論。相關文獻研究的熱點問題包含宏觀和微觀兩個層面。宏觀方面的研究主要研究哪種金融模式更有利於技術創新。這個問題的研究成果對一國制定金融政策有深刻的影響。微觀層面的研究更偏向於金融體系的內在因素對技術創新的影響，這些因素包括：銀行體系中的市場競

爭程度、信息優勢，資本市場的風險分散功能、股票市場流動性、機構持股、股權結構，風險投資的管理介入、優質項目發掘等。總的來說，宏觀方面的研究側重於制度設計和整體的金融結構，微觀方面的研究更偏重於對金融要素作用於技術創新的實證檢驗，從不同層次考察金融體系對技術創新的影響。

因此，在前述路徑的前半段研究上，現有文獻主要是以金融體系為切入點，以技術創新為被解釋變量，並以金融體系的相關因素為解釋變量，而沒有將金融體系與技術創新綜合起來考慮。綜上所述，本書的研究思路是：從技術創新特徵出發，首先研究金融功能是否能與技術創新的要求相一致，這是金融支持技術創新的出發點和必要條件。此外，技術創新的高風險特徵和金融體系的風險厭惡特徵客觀上決定了兩者不匹配，因而筆者通過實證研究檢驗兩者所面臨的風險是否匹配有助於研究金融制度安排對技術創新的影響。

3 技術創新的金融支持的現狀分析

瞭解中國企業技術創新及其獲得金融支持的現狀,是開展後續研究的出發點。高新技術企業是技術創新企業中最主要的部分,本章以高新技術企業為調查對象,調查中國技術創新的金融支持現狀。為此,筆者設計了兩種調查問卷,分別以高新技術企業與金融機構高管、財務官或風控官為答卷人。問卷調查結果基本顯示了當前中國高新技術企業生產經營、技術創新、財務融資等狀況和處境,以及金融機構對高新技術企業的支持程度。

3.1 高新技術企業技術創新的金融支持的現狀調查

技術創新對於企業獲取持續競爭力的重要性已毫無爭議。在傳統製造業轉型升級的背景下,要從以資源為基礎的經濟發展模式轉變為以知識為基礎的經濟發展模式,技術創新不可或缺。而充足的資金支持對於高新技術企業技術創新的成功起到至關重要的作用。隨著中國金融業的發展,高新技術企業融資渠道的多元化使得企業融資難度在一定程度上有所降低。然而由於高新技術企業自身的高風險性特徵又使得其不太容易獲得融資。

本次調查共回收了四川成都和浙江臺州的高新技術企業有效問卷 30 份(調查問卷見附錄 1),後文是本次調查所獲數據的統計描述分析。

3.1.1 高新技術企業的基本信息

受調查範圍所限,本次受訪的 30 家高新技術企業中 90% 是以有限責任公司或股份有限公司形式存在的,另外有 3 家公司是私營企業,沒有一家是以國

有及國有控股類型企業或者外商投資企業等形式存在（見表3.1）。結合這些受訪企業的規模來分析，90%的受訪企業是中小型企業，說明這些高新技術企業的實力並沒有那麼雄厚，抵禦風險能力較弱。另外，受訪的高新技術企業中只有8家處於成熟期，其他22家還處在發展階段，其中15家處於發展的初始階段。

表3.1 高新技術企業基本情況

組織形式	數量/個	占比/%	企業規模	數量/個	占比/%	發展時期	數量/個	占比/%
有限責任公司	13	43.33	小型企業	10	33.33	初創期	1	3.33
股份有限公司	14	46.67	中型企業	17	56.67	成長期	14	46.67
私營企業	3	10	大型企業	3	10	擴張期	7	23.33
						成熟期	8	26.67

資料來源：根據調查問卷結果整理。

3.1.2 高新技術企業的生產經營狀況

從問卷調查結果來看，受訪的高新技術企業中產品以內銷為主和產品以出口為主的數量基本相當。這些企業上一年度的經營情況狀態也都良好。

3.1.3 高新技術企業的研發狀況

受訪的大部分高新技術企業在上一年度裡的研發投入占公司營業收入的比重在5%及以下（只有1家超過了10%），參與研發工作的員工數目占公司總員工的比例在5%~10%（含10%）。這樣的研發環境決定了受訪高新技術企業的員工學歷結構呈橄欖型：擁有碩士/博士研究生學歷的員工占比在10%以下，大部分的員工擁有大學本科學歷，而具有專科、高職學歷的員工數量介於兩者之間。

從專利申請類型和申請數量來看，受訪的高新技術企業在發明專利、實用新型專利、外觀設計專利方面都有申請，但數量不多（均在5個以下）。無一例外的是，所有受訪者都一致認為：研發工作有利於提升公司價值。

3.1.4 高新技術企業的資金狀況

根據表3.2，只有7家公司的總體資金狀況緊張，超過一半的企業總體資金狀況是正常的，甚至有20%的企業總體資金狀況較為充裕。企業資金週轉狀

況可以在一定程度上反應出企業資金狀況，如果企業資金較為緊張的話，企業會採取措施加快資金的週轉；相反，如果企業資金較為充裕，則不會採取加快資金週轉的措施。從調查結果來看，只有8家公司資金週轉狀況比去年同期是加快的，大部分公司資金週轉狀況與去年同期持平，甚至是減慢。綜合以上兩個方面可以看出，受訪的30家高新技術企業的財務狀況總體來看是良好的。

表3.2　高新技術企業資金狀況

總體資金狀況	數量/個	占比/%	資金週轉狀況比去年同期	數量/個	占比/%
很充裕	2	6.67	加快	8	26.67
充裕	4	13.33			
正常	17	56.67	持平	18	60
很緊張	1	3.33	減慢	4	13.33
緊張	6	20			

資料來源：根據調查問卷結果整理。

3.1.5　高新技術企業的融資狀況

從調查問卷結果來看，高新技術企業所需資金類型主要為中長期資金（一年以上）和短期流動資金，用以滿足企業對固定資產投資的需求、研發投入和技術改進的需求、購買原材料以及流動資金週轉的需求。

從融資渠道來看，受訪的30家高新技術企業曾經使用過的融資渠道大概有12種，它們分別為：風險投資基金或私募股權基金，金融機構貸款，票據融資（信用證、貼現、承兌、保理保函），信託貸款、委託貸款、銀行信貸理財，證券市場股票融資，企業債融資，財政撥款或政府貸款轉貸，民間借貸，外商投資，境外舉債，企業、職工自籌以及占用客戶資金。其中較為常用的有金融機構貸款（28家企業曾經使用過，甚至是某些企業唯一使用過的融資渠道），票據融資（信用證、貼現、承兌、保理保函）（15家企業曾經使用過）以及證券市場股票融資（6家企業曾經使用過）。僅有3家企業曾經使用過風險投資或私募股權基金。

從成功獲得過資金的融資渠道來看，受訪的30家高新技術企業成功使用過的融資渠道有9種，它們分別為：金融機構貸款，票據融資（信用證、貼現、承兌、保理保函），信託貸款、委託貸款，銀行信貸理財，財政撥款或政府貸款轉貸，企業、職工自籌，證券市場股票融資，企業債融資。其中只有28家企業從金融機構成功獲得了貸款，並且，貸款甚至是某些企業唯一成功

使用過的融資渠道；有13家企業曾成功使用過票據融資（信用證、貼現、承兌、保理保函）進行融資；然而並沒有任何一家企業成功使用過風險投資基金或私募股權基金進行融資。

從當前使用的融資渠道來看，金融機構貸款和票據融資（信用證、貼現、承兌、保理保函）依然是這30家受訪企業的首選，另有少數幾家企業選擇企業、職工自籌的方式進行融資。

從未來優先融資渠道來看，金融機構貸款依然是廣大受訪企業的融資選擇之一。與以往不同的是，證券市場股票融資和風險投資基金也被多數企業納入考慮範圍之內。這說明傳統的金融機構貸款依然是受訪企業獲得融資的主要有效渠道。但隨著中國資本市場的進一步發展和完善，越來越多的企業會嘗試進行證券市場股票融資和取得風險投資。另外，整體經濟環境的變化使得信貸緊張，從銀行獲得貸款整體來看變得比較困難，這也是受訪企業考慮證券市場股票融資和風險投資基金的重要原因。從問卷調查結果來看，有14家受訪企業表示從銀行獲得貸款較為容易，另外16家受訪企業表示從銀行獲得貸款較為困難。而從銀行獲得貸款需要一系列條件，需要企業有良好的信譽，產品市場前景良好，有非現金資產作為抵押品，同意增加企業在該銀行的存款等。通過進一步分析，我們可以看出，這14家認為貸款相對容易的企業在這30家企業裡面的規模相對來說比較大，也更加成熟，可以推測其資金實力也更加雄厚，抵禦風險能力也更強一些，所以銀行會樂意貸款給這樣的公司。銀行貸款也存在諸多問題，如貸款審批時間長、手續繁瑣，銀行的信貸政策不透明，貸款品種較少，利率水準較高（大多數在6%~10%，有兩三家企業達到了15%以上）。這個問題也可以從企業對銀行的改進意見反應出，多數企業希望銀行可以簡化貸款程序，縮短貸款審批時間，增加基層商業銀行的貸款管理權限等。

然而，由於我們調查問卷的區域主要集中在四川成都和浙江臺州，樣本容量較小，並且作為調查對象的30家高新技術企業可能存在實力較弱而沒有被風險投資機構和私募基金注意到的情況，所以30家高新技術企業和風險投資機構或私募基金基本沒有過合作，問卷中關於風險投資機構或私募基金的問題設置沒得到足夠多的回答。

3.1.6 總結

首先，受訪的高新技術企業多為中小企業，它們都沒有得到國家以及外資的參與與支持，實力較弱，抵禦風險能力不強，且大多數還處於發展階段。

其次，受訪的高新技術企業總體資金狀況處於正常的狀態，與去年同期相

比，並沒有出現資金週轉速度普遍加快的情況。總體來說，受訪的高新技術企業財務狀況良好。

最後，傳統金融機構貸款是受訪的高新技術企業的主要融資渠道。除此之外，受訪企業還有多種融資渠道，但是並沒有企業選擇從風險投資機構和私募基金處獲得融資。整體經濟環境的變化加上傳統金融機構融資程序較為繁瑣等原因使得受訪企業開始尋求其他融資渠道。

3.2 風險投資機構、私募基金和銀行對高新技術企業的金融支持的對比分析

風險投資機構或者私募基金和銀行是高新技術企業主要的資金來源，由於它們的盈利模式不同，所以它們對風險的偏好程度也有很大差異，這就造成了它們對高新技術企業資金支持程度的差異。本次調查有利於更加充分地瞭解風險投資或者私募基金以及銀行的投資偏好和風險容忍度，從而幫助高新技術企業找到合適的資金來源。

我們共回收風險投資機構或者私募基金和銀行的有效問卷 127 份（調查問卷見附錄 2），其中風險投資機構或者私募基金的問卷 24 份，銀行的問卷 103 份（國有商業銀行 57 家，股份制商業銀行 33 家，城商行和城市信用社 5 家，農村商業銀行、農村合作銀行、農村信用社聯社和農村合作互助社 5 家，外資銀行 1 家，村鎮銀行 1 家，其他 1 家）。下文是對這次調查所獲數據的統計描述分析。

3.2.1 對高新技術企業投資的概況

根據表 3.3，我們發現 87.38% 的銀行並沒有把對高新技術企業的貸款業務作為自己的主導業務。從銀行發放貸款的企業的絕對數量來看，只有 9.71% 的銀行的貸款對象中高新技術企業數量超過了 15%，甚至有 42.72% 的銀行的貸款對象中高新技術企業占比不超過 5%；從銀行發放貸款的數額來看，只有 8 家銀行對高新技術企業的放貸量超過了自身放貸總額的 15%，有高達 46.6% 的銀行對高新技術企業的放貸量不足自身放貸總額的 5%。

表 3.3　銀行對高新技術企業投資的基本情況

是否以對高新技術企業貸款業務為主導業務	數量/個	占比/%	對高新技術企業貸款業務的數量占總業務量的比例	數量/個	占比/%	對高新技術企業貸款業務的金額占總業務量比例	數量/個	占比/%
是	13	12.62	0~5%(含5%)	44	42.72	0~5%(含5%)	48	46.6
			5%~10%(含10%)	37	35.92	5%~10%(含10%)	36	34.95
否	90	87.38	10%~15%(含15%)	12	11.65	10%~15%(含15%)	11	10.68
			15%以上	10	9.71	15%以上	8	7.77

資料來源：根據調查問卷結果整理。

然而從 24 家風險投資機構或私募基金的問卷調查結果來看，這 24 家公司全部是以投資高新技術企業為業務主導。而無論是從投資高新技術企業的數量占比還是從金額占比來看，風險投資機構或私募基金對高新技術企業的投資規模都遠遠超過銀行對高新技術企業的投資規模，甚至有 12 家公司的投資比例達到了 70%以上。

根據表 3.4，我們可以發現銀行發放給高新技術企業的貸款中一年以內（含一年）的短期貸款占 76.7%，一年至五年（含五年）的貸款僅占 19.42%。有 46.6%的貸款是流動資金貸款，而固定資金貸款、科技開發貸款以及專項貸款這三項能夠對高新技術企業技術創新帶來真正幫助的貸款僅占 20%左右。結合上一節的分析，高新技術企業的需求主要是一年期以上的長期貸款。從這個方面來看，二者似乎出現了矛盾。另外，有 90 家銀行對高新技術企業的貸款發展水準基本無變化或者處於低速增長的狀態，占銀行總數的 87.38%。

表 3.4　銀行對高新技術企業貸款的品種和發展水準

銀行對高新技術企業貸款的品種	數量/個	占比/%	銀行對高新技術企業貸款的發展水準	數量/個	占比/%
六個月以內(含六個月)的貸款	9	8.74	高速正增長	11	10.68
一年以內(含一年)的貸款	70	67.96			
一年至五年(含五年)的貸款	20	19.42	低速正增長	59	57.28
五年以上的貸款	0	0			
流動資金貸款	48	46.6	基本無變化	31	30.1
固定資金貸款	14	13.59			
科技開發貸款	5	4.85	低速負增長	2	1.94
專項貸款	2	1.94			
其他	2	1.94	高速負增長	0	0

資料來源：根據調查問卷結果整理。

然而從對風險投資機構和私募基金的問卷調查結果來看，有75%的公司投入高新技術企業的資金為期限較長的發展資金，所有的公司對高新技術企業的投資都處於增長狀態，其中50%的風險投資機構或私募基金的投資處於高速增長狀態。

根據表3.5，我們可以看出約65%的銀行開展高新技術企業貸款的年限在三年以上，可以說是富有經驗。同時有約65%的銀行對高新技術企業貸款業務實際利潤至少與預期持平。雖然有34.95%的銀行對高新技術企業貸款業務實際利潤遠未達到預期，但有接近85%的銀行認為，對高新技術企業貸款的平均獲利水準不低於銀行其他貸款業務。綜合以上考慮，我們有理由相信銀行會把對高新技術企業貸款作為自己的一項長期業務。

表3.5 銀行開展高新技術企業貸款業務年限及獲利水準

銀行開展高新技術企業貸款年限	數量/個	占比/%	對高新技術企業的貸款業務利潤與預期相比？	數量/個	占比/%	高新技術企業貸款平均獲利水準	數量/個	占比/%
3年及以下	35	33.98	遠未達到預期	36	34.95	遠高於其他業務	6	5.83
3~5年(含5年)	33	32.04				較高於其他業務	31	30.1
5~10年(含10年)	19	18.45	與預期基本持平	66	64.08	與其他業務持平	50	48.54
10年以上	16	15.53	遠超出預期	1	0.97	較低於其他業務	15	14.56
						遠低於其他業務	1	0.97

資料來源：根據調查問卷結果整理。

從對風險投資機構和私募基金的問卷調查結果來看，這24家公司投資於高新技術企業的收益均是與預期基本持平，而且這24家公司對高新技術企業投資的平均獲利水準均高於其他業務。所以這兩類公司會長期把對高新技術企業投資作為自己的主導業務。

3.2.2 行業與公司篩選、風險評估與風險控制

根據表3.6，我們可以看出最受銀行關注的三個行業分別為生物與新醫藥技術行業、新能源及節能技術行業和新材料技術行業，原因主要是這三個行業發展前景好、政府扶持力度大。我們還可以看出銀行會更加側重考察一個企業的財務指標，其中最重要的是對企業償債能力指標、盈利能力指標和現金流量指標的考察。這表明銀行更加關注企業的經營狀況，尤其是對償債能力指標的考察，來最大限度地降低風險。其對發展前景好的行業的關注可以理解為銀行的一種降低風險的考慮。

表 3.6　銀行重點關注的高新技術行業及考察指標

重點關注的高新技術行業	數量/個	占比/%	側重於考察企業哪類指標	數量/個	占比/%
電子信息技術	40	38.83	財務指標	24	23.3
生物與新醫藥技術	69	66.99			
航空航天技術	20	19.42			
新材料技術	42	40.78	非財務指標	26	25.24
高技術服務業	22	21.36			
新能源及節能技術	66	64.08			
資源與環境技術	27	26.21	同等關注	53	51.46
高新技術改造傳統產業	34	33.01			
其他	0	0			

資料來源：根據調查問卷結果整理。

而從對風險投資機構和私募基金的問卷調查結果來看，這兩類公司最關注的三個行業和銀行相同，其原因主要是該行業發展前景好。我們還可以看出這兩類公司更加側重於考察一個企業的非財務指標，其中企業的發展能力指標被放在第一位。這表明風險投資機構和私募基金更加關注的是企業的發展前景。相對於銀行來說，這兩類公司對風險的容忍度較高。

根據表 3.7，我們可以看出，有 56.31% 的銀行會選擇大型企業的大項目發放貸款，有接近 68% 的銀行會選擇大型企業發放貸款。通常來說，大型企業資金實力雄厚，抵禦風險能力較強，銀行此舉是為了降低自己的風險。我們還可以看出，銀行給高新技術企業發放貸款時所要求的抵押物的抵押率非常高，只有 9 家銀行要求的抵押率不足五成，占比僅為 8.74%。另外，通過問卷我們

表 3.7　銀行對貸款項目的選擇和發放貸款給高新技術企業的抵押物的抵押率

貸款項目的選擇	數量/個	占比/%	抵押物的抵押率	數量/個	占比/%
大企業、大項目	58	56.31	0.5 及以下	9	8.74
大企業、小項目	12	11.65	0.5~0.6(含 0.6)	32	31.07
中小企業、大項目	16	15.53	0.6~0.7(含 0.7)	54	52.43
中小企業、小項目	17	16.5	0.7~0.8(含 0.8)	4	3.88
其他	0	0	0.8 以上	4	3.88

資料來源：根據調查問卷結果整理。

還可以看出，銀行在發放貸款之後，會重點關注企業依合同約定歸還貸款本息的情況、保證人保證資格和保證能力變化情況、抵（質）押物保管及其價值變化情況以及貸款人的現金流量分析表和資產負債表等財務報表。這同樣可以表明銀行最關心的問題還是放出的貸款能不能及時足額收回，反應出其對於風險的容忍程度是比較低的。

然而對比對風險投資機構和私募基金的問卷調查結果來看，這兩類公司更願意投資中小企業的項目，只要該企業發展前景好。從另一個方面來說，大型企業會更容易拿到銀行的貸款，因此對風險投資機構或者私募基金的需求不會太高。而這兩類公司對於獲得投資的項目，會重點關注被投資人有無詐欺行為、投資資金用途及項目進度和變化。這表明風險投資機構和私募基金更看重的是高新技術企業的發展前景，更關注的是這個企業在如何發展，有沒有按照既定規劃實現良性發展，相對來說對風險的關注度小一些。

根據表3.8，我們可以看出，只有6家受訪銀行認為高新技術企業實際還貸情況較差於平均水準，占比僅為5.83%；相反，有40家受訪銀行認為高新技術企業還貸情況優於甚至遠優於平均水準，占比在40%左右。這說明儘管從理論上分析貸款給高新技術企業會使銀行承受較大風險，但從實際結果上來看高新技術企業的還貸情況並沒有想像中那麼糟糕，反而比平均水準還要好一些。這可以在一定程度上促進銀行對高新技術企業增加貸款業務量。

表3.8　高新技術企業的還貸狀況與風險投資機構、私募基金潛在退出機制

高新技術企業的還貸狀況	數量/個	占比/%	風險投資機構、私募基金潛在退出機制	數量/個	占比/%
遠差於平均水準	0	0	首次公開發行	24	100
			買殼上市	0	0
較差於平均水準	6	5.83	兼併收購	12	50
與平均水準持平	57	55.34	回購（包括公司回購和管理層回購）	24	100
			清算	0	0
較優於平均水準	36	34.95	股權轉讓協議	18	75
遠優於平均水準	4	3.88	其他	0	0

資料來源：根據調查問卷結果整理。

隨著中國資本市場的發展和完善，風險投資機構和私募基金可選擇的退出機制也越來越多樣化。受訪的24家風險投資機構或私募基金平均每家公司都至少嘗試過三種退出機制，其中嘗試的較多的為首次公開發行、回購（包括

公司回購和管理層回購）及股權轉讓協議。完善退出機制對風險投資機構或私募基金來說意義重大。完善的退出機制可以幫助這兩類公司消除後顧之憂，讓它們可以較為放心地進行投資。這也在一定程度上促進風險投資機構及私募基金對高新技術企業的支持。

3.2.3　總結

第一，銀行並不會把對高新技術企業的投資作為自己的主要業務，其對高新技術企業的貸款企業數量和貸款金額都處在一個比較低的水準；而風險投資機構或者私募基金則會把對高新技術企業投資作為自己的主要業務，其對高新技術企業的投資企業數量和投資數額都處在比較高的水準。

第二，銀行更樂於向高新技術企業提供一年期內的短期貸款，且對高新技術企業貸款的增長速度較低；而風險投資機構或私募基金能夠為高新技術企業提供長期的投資，且對其投資增長速度處於較快的狀態。

第三，無論是銀行還是風險投資機構或私募基金基本上能從對高新技術企業的投資中獲得利潤，所以它們會把對高新技術企業的投資業務作為自己的一項長期業務來開展。

第四，在對投資項目的選擇上，銀行偏好抗風險能力強的大型企業，而風險投資機構或者私募基金更看重中小企業的發展前景。在投資之前，銀行更關注一個企業的財務指標，尤其是償債能力指標；而風險投資機構或私募基金更關注一個企業的發展前景。在對已投資項目的後續考察上，銀行更關心高新技術企業的償債能力，而風險投資機構或私募基金更關心企業的發展狀況。這說明風險投資機構和私募基金相對於銀行來說對風險的容忍度更高。

第五，從結果上來看，高新技術企業的還貸情況基本上高於平均水準，這可以在一定程度上促進銀行對高新技術企業增加貸款業務量。而隨著中國資本市場的發展和完善，風險投資機構和私募基金的退出機制也更加多樣化，這將會在一定程度上促進風險投資機構及私募基金對高新技術企業的支持。

3.3　本章小結

高新技術企業進行技術創新需要資金支持，它們有多種融資渠道可以選擇，但曾成功使用過的以及當前正在使用的渠道主要是從傳統的金融機構獲得貸款。隨著中國資本市場的完善和發展，風險投資機構和私募基金的數量逐漸

增加。這兩類機構更加看重企業發展前景，而高新技術企業往往處於新興行業中，具有非常良好的發展前景。這一特性使得高新技術企業成為這兩類機構的投資對象。從調查結果來看，很多家高新技術企業也把從風險投資機構或私募基金處獲得融資作為未來優先考慮的融資渠道。

從調查結果來分析，銀行對高新技術企業的貸款平均獲利水準不低於銀行其他貸款業務，而且絕大多數銀行認為高新技術企業的還款率優於行業平均水準，一種可能的解釋是：銀行在投資之前對此類高新技術企業有過調研和篩選，從中選出了「好」公司（比如處於成熟期的高新技術企業）進行投資，加之技術創新的高收益性，獲得的還款率理應高於平均水準。另外，從金融實務來看，銀行需要識別優質企業的能力。風險投資機構和私募基金從高新技術企業獲得的收益也基本和預期持平甚至略好於預期。再加上中國資本市場的完善使得這兩類機構可選擇的退出機制也越來越多樣化，有效的退出機制可以幫助這兩類機構消除後顧之憂，從而較為放心地進行投資。

但是企業在技術創新的同時也伴隨著各種各樣的風險，比如外部經濟環境的風險、企業創新技術上的風險等。銀行對風險容忍度較低，表現為銀行放貸程序複雜，要求條件較為苛刻，需要企業有良好的信譽，產品市場前景良好，有非現金資產作為抵押品，同意增加企業在該銀行的存款等，而且放貸後會高度關注企業的財務狀況，更加偏好放貸給抗風險能力強的大型企業。風險投資機構和私募基金對風險容忍度較高，它們主要關注企業的發展前景，並不太注意企業的財務指標狀況，而且更加偏好於投資給中小型企業。

以上內容從理論上定性分析出高新技術企業的技術創新行為可以從銀行、風險投資機構或者私募基金處獲得資金支持，但是考慮到不同時期風險不同以及以上金融機構對風險的容忍度不同，具體於某一時期如何匹配，還需要做進一步的定量探究。

4 支持技術創新的金融功能分析框架

技術創新的特徵對金融體系提出了諸多要求。筆者在金融體系的眾多功能中歸納總結出最主要的金融支持功能，提煉出與技術創新特徵相匹配的分析框架。該框架是研究技術創新的金融支持機理的基礎。在這一分析框架上建立理論模型，更有助於揭示技術創新的金融支持機理。

4.1 金融體系的一般功能

金融功能，即金融的功效或作用。金融體系最本質的功能就是融通資金、配置資源。一般而言，金融越發達，金融的功能越豐富、越完善。金融體系具備哪些功能一直是學者們的討論議題，各家之言儘管表述不盡相同，卻都認可金融功能的四大基本特徵：客觀性、穩定性、層次性和稀缺性（白欽先，2005；白欽先，2006）。

傳統的金融功能觀認為，金融主要有信用媒介和信用創造這兩大主要功能。其中，信用媒介論（青木昌彥，2001）的基本觀點包括：①貨幣只是簡單的交換媒介和一種便利交換的工具，這是信用媒介論的理論基礎；②信用僅是轉移和再分配現有資本的一種工具，並不能創造出新的資本；③銀行的作用在於媒介信用，而不是創造信用。信用創造論（翟強，2000）的主要觀點有：①凡是能盡貨幣職能之物就是貨幣，紙幣是理想的貨幣，這是信用創造論的出發點；②信用就是資本，信用能夠形成資本；③銀行的本質在於創造信用，這是信用創造論的中心命題；④信用能促進生產、繁榮經濟。

Gurley 等（1960）認為金融仲介最基本的功能是支付清算，Tobin 則認為是資源配置功能。進一步地，Brealey 等（1977）從信息不對稱的角度提出，金融仲介與金融市場的主要功能在於信息提供功能。隨著金融風險問題的爆發，Diamond（1984）提出了監督及風險管理功能。

Greenwood 等（1990）整合了前人的研究成果，把重點放在了金融體系的融資功能、投資即資源配置功能及信息處理功能上。金融機構最優投資項目的選擇本質是對風險和收益的權衡決策，這一決策效果很大程度上取決於信息收集成本，在給定信息收集成本時，金融機構選擇適當投資項目的能力決定了其資產組合的預期收益率。

Bencivenga 等（1991）拓展了金融機構引導資金流向，提高資本收益率，推動經濟增長的作用的理論。他們的研究結果表明，金融機構在引導儲蓄資金流向高收益項目的同時，又能滿足經濟主體對風險低、流動性強的資產的需要。這樣，金融機構通過資產的流動性轉換，提高了投資效率，因而即使在儲蓄率下降的情況下，仍可以促進經濟增長。

King 等（1993）把研究重點放在了金融機構的融資功能上，認為創業企業及創新型企業需要金融機構幫助其融資支撐。這與熊彼特（1912）的觀點存在相通之處。

Merton 等（1995）對以往研究進行了全面總結歸納，其歸納結果得到後來學界的普遍認可。他們將金融功能總結為四個方面：支付清算、資源配置、信息提供、風險管理。

Levine（1997）認為，在改善交易和信息成本中，金融體系最主要的功能是在不確定的環境中，便利資源在時間和空間上的配置。這一主要功能又可分解為五個基本功能：①便利交易，防範、分散和分擔風險；②配置資源；③監管經理人員並實施聯合控制；④動員儲蓄；⑤便利商品和勞務交換。

Allen 等（2000）進一步把金融功能歸納為價值創造、流動性創造、風險分散、價格發現、信息生產和公司治理六個方面的功能。

Levine（2005）基於信息成本和交易成本的研究，將金融功能拓展為便利交易、套期保值、分散風險、分配資源、監督經理、儲蓄動員與便利交易等。

至此，學術界對金融功能形成了比較一致的認識。

國內知名學者白欽先（2005）認為，以貨幣為起點，金融功能的演進遵循以下路徑：基礎功能→核心功能→擴展功能→衍生功能。其中，基礎功能包

括服務功能和仲介功能；主導功能包含了核心功能（資源配置）和擴展功能（風險規避和經濟調節）兩個方面；衍生功能包括風險交易、信息傳遞、公司治理、引導消費、區域協調、財富再分配等。

筆者對上述文獻所涉及的金融功能進行了總結，具體見表4.1。

表4.1　金融功能綜述

作者	金融功能
亞當·斯密、大衛·李嘉圖、約翰·穆勒	信用創造
約翰·勞、麥克魯德、熊彼特、哈恩	信用媒介
Gurley 等（1960）	金融仲介的最基本功能為支付清算
Brealey 等（1977）	信息提供功能
Diamond（1984）	監督及風險管理功能
Greenwood 等（1990）	融資功能、資源配置功能（投資）、信息處理功能
Bencivenga 等（1991）	引導資金流向，提高資本收益率，推動經濟增長
King 等（1993）	融資功能
Merton 等（1995）	清算和支付結算的功能、聚集和分配資源的功能、跨越時間和空間轉移資源的功能、管理風險的功能、提供信息的功能、解決激勵問題的功能
Levine（1997）	風險改善、配置資源、公司治理、動員儲蓄、促進交易
Allen 等（2000）	價值創造、流動性創造、風險分散、價格發現、信息生產、公司治理
Levine（2005）	便利交易、套期保值、分散風險、分配資源、監督經理、儲蓄動員與便利交易
白欽先（2005）	基礎功能：服務功能、仲介功能 主導功能：資源配置、風險規避、經濟調節 衍生功能：風險交易、信息傳遞、公司治理、引導消費、區域協調、財富再分配

4.2 技術創新的金融支持功能

技術創新具有高風險性、高收益性、高投入性、高溢出性、高隱蔽性五大特徵。其中，高投入性決定了技術創新企業龐大的融資需求；然而，高風險性和高收益性無疑會使投資者陷入兩難，希望獲得高額的回報卻又懼怕巨大的投資風險；高溢出性使得企業的創新可能為他人所用而失去激勵；高隱蔽性又在投資者與技術創新企業之中建立了信息壁壘，信息不對稱讓投資者對技術創新企業與技術創新活動望而卻步。

因此，技術創新的特徵對金融功能提出了超越一般標準的要求。首先，高投入的特性使得技術創新活動需要更充足更持久的資金注入，要求更強的融資支持功能。其次，金融體系通過資金融通、多樣化投資在客觀上實現的風險分散已不能滿足技術創新企業的風險管控要求，它在對技術創新企業的風險管控中更加審慎、主動、專業化。然後，技術創新活動的高隱蔽性使信息不對稱問題更加突出、嚴重，金融體系應該成為投資者與技術創新企業之間的良好信息媒介，充分發揮其信息管理功能，從而打開更多的融資渠道。最後，在中國，技術創新企業大多是中小微企業，創業伊始，篳路藍縷，企業內部建設往往並不完善，而企業經營又要聚焦於創新活動。因此，金融體系對技術創新企業要做好培育與幫扶服務，使企業獲取資金更加及時、便捷，幫助企業建立健全風險管控制度，搭起投資者與企業之間信息溝通的橋樑，讓企業能夠專注於技術創新而不會因其他因素夭折。

筆者從金融功能而非傳統的金融結構視角進行探討，沒有削足適履地去討論金融市場與金融機構的產品或服務能為技術創新提供什麼，而是關注了技術創新企業與技術創新活動的特徵和需求，發現了差異與問題，再去選擇哪種類型的金融機構或金融市場最適合參與技術創新金融支持，並探討這些機構應做怎樣的改變與提升。下面基於技術創新特徵與技術創新企業需求，筆者將支持技術創新的金融功能歸納提煉為：融資支持、風險管控、信息管理、服務提升四大功能，並對它們展開分析。

4.2.1 融資支持功能

技術創新是經濟增長的源泉，成功的技術創新往往也能給使用新技術的個人或企業帶來豐厚的回報（Benhabib et al., 2000；Beck et al., 2002）。但是，

技術創新的高風險特徵決定了技術創新極易失敗。一方面，決定啟動某項研究以實現技術創新是困難的，也是需要勇氣的；另一方面，在技術創新的開展過程中，這樣或那樣的開支使得技術創新需要高額資金投入（徐志明，2009）。在技術創新的各個階段（種子期、初創期、成長期、擴張期、成熟期），需要各種各樣不同性質、不同數量、不同形式的資金投入。從資金的供求關係來看，技術創新主體是資金的需求方，資金供給方就是金融體系。金融體系通過各種金融工具，為資金需求方提供資金支持。

雖然金融體系的最基本功能就是融通資金，但是不同類型金融仲介機構對企業技術創新的支持運作模式和支持時機有所差異。中國金融結構以銀行間接融資為主，因而直接融資所占比例相對較低，而初創期前的科技型中小企業並不具備上市融資的條件。銀行放貸一般更注重項目短期收益和貸款安全性，對風險大、週期長的技術創新項目的支持意願並不強。即使銀行能夠提供貸款，也往往由於缺乏調查、評估、篩選和監控機制而不能有效地選擇有發展前途、預期收益率較高的項目予以資金支持，其貸款具有盲目性，不能為真正有發展潛力的企業提供融資幫助（週日業安，1999）。而從目前的創新創業融資環境來看，金融與高科技的融合更多是通過資本市場尤其是風險資本市場完成的，如：中國滬深兩市中的創業板和中小板股票市場，為中小型高新技術企業創新發展提供融資平臺；風險投資基金和私募基金也成為種子期和初創期企業主要的資金來源。

從銀行系統來看，得益於銀行的規模經濟優勢和信息獲取優勢，銀行通過信用創造功能為社會上的企業提供貸款支持。然而傳統的商業銀行出於自身的風險考量，一般只願意為大型企業貸款，不願為中小企業，尤其是科技型中小企業貸款。從這角度講，商業銀行對技術創新的支持是有限的。除商業銀行外，在銀行系統還有政策性銀行，政策性銀行的投資融資活動主要是為了配合國家的經濟發展戰略，有目的地支持國民經濟中的重大戰略性項目。而這些重大項目未來的發展空間大，具有國家級的戰略意義，但一般又具有極高的風險。這些戰略新興項目有巨大的技術創新潛力，可以牽一發而動全身。比如中國的國家開發銀行，其重點投資領域為鐵路、公路、電力等重大公共基礎設施建設，對水電、風電、核電和光伏發電等清潔新能源項目也進行了重點支持，同時還對戰略性新興產業、先進製造業整合與開發等項目予以大力支持。2014年，以新一代信息技術為重點，國家開發銀行持續拓展海工、生物等領域，全年發放戰略性新興產業貸款 2,182 億元，大大彌補了戰略性新興行業的資金缺口，極大地推動了技術創新。

從資本市場角度來看，股票市場能在一定程度上對技術創新予以籌融資支持。從全球股票市場的發展來看，大部分國家都有為大型企業融資服務的股票市場，它也叫主板市場。然而很多科技型的企業屬於中小企業，它們的成立年限、資本規模、中長期業績等特徵決定了它們不能去主板市場融資上市。為科技型企業融資和發展提供了強有力資金支持的創業板市場（又稱二板市場）興起於20世紀70年代的美國。在石油危機所造成的經濟基本面環境惡化的情況下，其他各國也紛紛建立了自己的創業板市場，加大對技術創新型企業的支持力度。這一時期產生的創業板市場有：美國的納斯達克市場（NASDAQ，1971）、臺灣櫃臺交易所（OTC，1994）、倫敦證券交易所（AIM，1995）、法國新市場（LNA，1996）、德國新市場（NM，1996）、香港創業板市場（GEM，1999），而中國的創業板市場也於2009年10月推出，為中國科技型企業尋求資金支持提供了一個重要的資本市場平臺。設立創業板市場最主要的目的就是為高科技企業提供融資渠道，通過市場的力量引導知識與資本相結合。此外，創業板市場也能為前期投資於高科技企業的私募基金（PE）和風險投資基金（VC）的退出打開一個正常的出口，促進PE和VC對高新企業的技術創新的投資進入良性循環。私募基金、風險投資基金和創業板市場相互配合，共同為技術創新企業提供資金，使得技術創新從實驗室走向了市場，得以成功孵化。

一般來看，金融系統的融資支持功能主要通過動員儲蓄、提供資金、資源配置三條傳導路徑展開，以支持企業技術創新。

（1）動員儲蓄。

動員儲蓄是指各金融機構利用各種金融工具，將分散的閒置貨幣集中起來。在社會經濟系統的運作中，同時存在著資金的供求方：一方面，廠商、家庭等經濟主體手中存在閒置的資金；另一方面，企業等經濟部門和經濟主體的投資項目因缺乏資金難以啓動、運作。此時，金融機構作為融資仲介將閒置資金集中起來通過各種金融工具將其轉移到需要資金的部門或主體。金融機構的產生有效地降低資金供求方的信息不對稱程度，其產生的規模效應能有效優化信息傳遞、減少交易成本引起的摩擦，以更為經濟、高效的方式，將分散在廠商、家庭等經濟主體中的閒置資金以儲蓄的形式集中起來。

（2）提供資金。

金融機構吸收廠商、家庭等經濟主體的閒置資金，同時將儲蓄資金用於滿足企業等經濟部門和經濟主體的投資需求。金融機構將盈餘單位的儲蓄轉移到赤字單位並通過各種金融工具實現，如銀行票據、公司債券、政府債券、公司

股票及各種證券化資產，並在資金供求方建立不同形式的債券債務關係或者所有權關係。金融市場越發達，金融工具的種類越豐富，社會融資效率越高。

(3) 資源配置。

在現代市場經濟條件下，金融是一種特殊的資源，是基礎性資源，是其他一切資源的一般性代表。資源的流動和配置也表現為資金的流動和配置。在市場經濟條件下，市場機制對資源配置起著決定性作用，資源配置表現為資金在不同部門、行業、區域之間的配置，市場機制配置資源的實質就是在市場價格的引導下，由金融部門決定資金配置。

首先，金融機構促進了儲蓄從盈餘單位向赤字單位轉移，為企業等經濟部門和經濟主體的投資項目提供資金支持，促進儲蓄轉化為投資。其次，發達和開放的金融市場能有效地實現信息甄別和信息篩選。投資前景好的項目將會得到更多資金追捧，而投資前景較差、風險收益較大的項目可能無人問津，最終，好投資項目被留下，差的項目被市場淘汰。可見，金融系統能通過貨幣資金的流動促進實物資產在各個產業部門之間流動，從而促進經濟社會的發展。最後，金融機構憑藉其專業性和規模效益能有效降低資源配置過程中所產生的交易成本，減少信息摩擦，提高信息傳遞效率，極大促進專業化分工和資源配置優化。

金融體系通過融資支持功能促進技術創新的作用機理就是通過以上三條傳導路徑展開的，其過程如圖 4.1 所示。

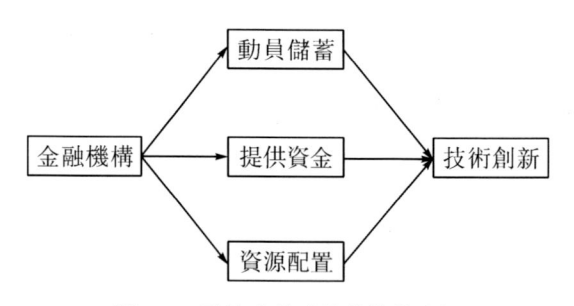

圖 4.1　融資支持功能的傳導路徑

動員儲蓄和提供資金是融資支持功能的核心。技術創新需要大量資金的支持，單個資本的累積無力對技術創新提供足夠的資金支持。金融系統通過把社會閒置資金轉化為儲蓄，並將儲蓄轉為技術創新投資，為技術創新融通外部資金。否則，內部融資約束將使企業投資策略局限於傳統技術範圍，技術進步僅限於邊際技術變化而無實質上的技術躍進。同時，良好的金融體制和開放發達的金融市場將為技術創新創造更有利的條件。它通過風險投資體制，不僅在源

頭上為發明和創新提供資金支持，而且使科技成果迅速傳播、投產、轉化為生產力，縮短了技術創新週期，調動社會創新熱情，提高技術創新效率。不僅如此，激烈的市場競爭、經濟主體防範風險的要求等也促使金融機構不斷開發金融工具，從而有效分散風險。金融機構也能更有效地利用多種金融工具實現籌融資目的，改善資源配置，促進技術創新。

社會資源配置實質上是資金的配置。金融體系通過金融工具將社會閒置的貨幣資本集中起來轉化為現實的職能資本，使社會資本物盡其用，實現最優的資源配置狀態。金融系統分配社會資本為技術創新提供外部資金。間接融資項目表現為銀行等金融機構對創新項目的風險收益進行評估和抉擇；直接融資項目則表現為直接投資者，如基金、集團、個人投資者，對創新項目的風險收益進行評估和抉擇。競爭作用將會促使技術創新尋找到那些能夠使其產生最高價值或效益的買者，從而使技術創新相關資源配置達到最優。金融市場天然的優勝劣汰機制也促使技術創新主體能最有效地利用自身有限的資源，發揮自身優勢，提高市場競爭力，從而實現技術創新的順利進行和相關資源的優化配置。

通過以上分析可知，金融系統與生俱來的融資支持功能為技術創新提供了強有力的資金支持。金融機構得以產生就是源於獲取技術創新後的豐厚利潤。但同時需要明確的是，相比於傳統的商業銀行，風險投資機構、私募基金、創業板、政策性銀行等金融機構更有利於技術創新。

4.2.2 風險管控功能

在競爭激烈的當今世界，所有經濟活動都包含著遭受損失的可能性和不確定性，即經濟活動中蘊含的風險，技術創新的風險程度更高。有關資料的統計結果表明，國際上新開發的項目的成功率不足 1/6，而新產品開發成功後投入市場量產、實現商業價值的不到 2/3，相當於從開發到獲得經濟利益的概率不到 1/9，成功率差不多在 10%。就技術創新的風險來源來看，外部的技術創新風險主要來自市場，內部的技術創新風險則主要來自公司管理層面和技術創新本身。

技術創新成功後獲得的不菲收益是極具吸引力的，但如此高的風險也讓一般的資金充裕者不敢提供資金支持。在金融不發達的時期，通過金融機構將資金輸入給技術創新企業的數量也是極少的，因而技術發展速度並不快。隨著金融的不斷發展，金融機構逐漸增多，尤其是私募基金和風險投資機構、新三板、政策性銀行等金融機構的產生，它們對技術創新予以了極大的支持。之所

以這一類金融機構能有針對性地支持技術創新，是因為它們在對技術創新的風險管控方面優於其他金融機構。

（1）私募基金和風險投資機構的風險管控功能。

首先，私募基金和風險投資機構對瞬息萬變的市場具有更敏銳的把握。這些金融機構中不乏行業研究能手，它們能夠深入挖掘行業發展規律，避免企業盲目地上馬技術創新項目，有利於提高技術創新後的商業投產成功率。《科技型中小企業技術創新基金2013年度報告》顯示，導致基金支持項目的階段目標不能按計劃進度完成的最主要原因在於市場預期的變化，其佔比高達35.51%。其次，雖然技術創新項目成功後能獲得高額收益，但單個項目的失敗率仍然很高（高達90%）。如果「把所有雞蛋全部放進一個籃子裡」，這樣的投資無異於賭博，也極易造成金融機構的滅頂之災。而私募基金和風險投資機構的投資原理就是分散投資，將一大筆資金分散投給多個技術創新項目。即使這些項目中絕大部分石沉大海，但只要成功項目所帶來的回報率能夠抵銷前期的失敗投入，那麼就整體而言，前期的投入也是有收穫的。

（2）創業板的風險管控功能。

首先，如果技術創新企業能成功上市，那麼也為私募基金和風險投資機構的退出提供了一個暢通的渠道，有利於下一輪的技術創新投入。其次，創業板市場通過公司股份化，將公司內部的風險分散給更多的投資人。最後，創業板的上式交易制度也為投資人進行了一定程度的風險甄別，並非任意一家具有技術創新潛力的公司都能隨心所欲地上式。但凡在創業板上式的企業，基本上已經實現了一定程度的發展，進入高速發展期。與此同時，技術創新項目也累積了一定程度的經驗，通過學習效應可削減進一步技術創新的成本和風險。

（3）政策性銀行的風險管控功能。

很多大型的戰略性新興產業之所以不容易籌集到所需資金，一方面是由於項目過大，所需資金量過大，一般小型資本不易介入，另一方面源於戰略性新興產業的公共物品屬性。比如說基礎設施建設中需要突破很多技術難關，亟須大量的資金支持，而基礎設施項目在建成後卻是一個公共物品。由經濟學原理可知，公共物品極易導致「搭便車」。這使得基礎設施建設的投入與回報不相符。而政策性金融機構的介入，可以通過行政的力量聚集資金，再按照國家的經濟戰略部署有針對性地進行投入，而項目投資回收也可由國家出面統一徵收，這就降低了技術創新項目的市場風險。比如，國家開發銀行對高速鐵路的建設支持使得中國高速鐵路技術飛速提升，一度達到國際領先水準，最終還實

現了高速鐵路技術的中國輸出。

綜上所述，金融體系的風險管控功能是指金融體系能夠識別、減少、分散和轉移技術創新風險。金融體系通過風險管控功能，能幫助企業進行技術創新，其傳導路徑如圖4.2所示。

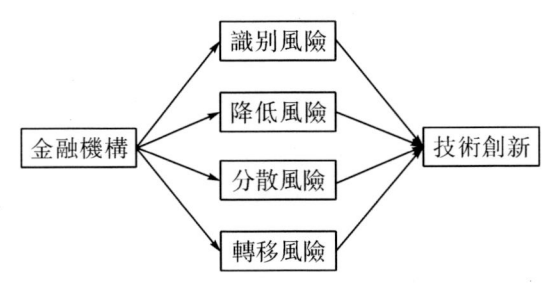

圖4.2 風險管控功能的傳導路徑

金融體系的逐利性要求其對每一個融資項目進行詳細的風險評估。金融體系的專業性和規模效率使其能夠掌握充分的融資主體信息，通過投資企劃書、企業財務狀況分析、行業分析、宏觀經濟政策環境分析等對投資項目的風險進行總體評估，對投資項目風險進行控制。

另外，金融體系將集中的風險通過各種金融工具分散、轉移，從而達到降低風險的目的。例如金融機構可以為自身發行金融債券，將一部分的風險部分轉移到客戶身上，同時，風險也由單個企業或者部門分散到多個投資機構或者個人身上。同樣，金融市場的股票交易制度使公司所有權分散在多個股東手中，公司所面臨的風險分散到多個經濟單位。

隨著金融市場的繁榮發展，經濟主體對金融風險防控的需求也越來越強烈。金融機構為滿足這些需求開發出多樣化的金融工具，如遠期、期貨、期權及其他更為複雜的結構化金融工具。經濟主體可以利用這些金融工具對沖手中頭寸風險。總之，多樣化的金融工具為經濟主體提供了規避風險、鎖定風險收益的工具。

除此以外，金融機構還為企業和投資者提供風險諮詢意見，幫助其利用現有資源整合降低投資風險。私募基金和風險投資機構還會參與投資企業的經營管理決策，幫助其降低或者規避經營活動中產生的經營風險、財務風險、決策風險等。

4.2.3 信息管理功能

信息技術的產生和運用為全世界架起了高速溝通的橋樑，也使得全世界的

信息彼此共享。金融仲介機構在充當融資仲介的過程中，對借款人的資信、盈利預期、風險等信息進行搜尋、加工，以便於做出正確的貸款決策和保護貸款人的利益，這體現了金融仲介的信息管理功能。金融體系中無論是風險管理還是有效的公司治理，均離不開信息的獲取和管理。金融仲介的信息生產及管理與資源配置效率密切相關。Brealey 等（1977）在其共同撰寫發表的文章《信息不對稱、金融結構與金融仲介》中最早提出金融仲介信息供給代理人功能，從貸款者與借款者之間的信息不對稱角度分析了金融機構的功能，認為金融仲介緩解了信息不對稱問題。

　　信息不對稱有事前和事後兩種。事前的信息不對稱是指尋求資金支持的企業（借款人）掌握著其融資項目的信息，而提供資金支持的一方（貸款人）沒有掌握充分的項目信息的情況。在這種情況下，貸款人為了盡可能獲得更多融資項目的信息，評估融資項目的未來前景以篩選更優質借款人，將付出一定數量的評估成本。不僅如此，這種事前的信息不對稱還可能產生逆向選擇問題。貸款人通過提高貸款利率和制定更為嚴格的貸款條件的方式降低壞帳風險，降低由於信息不對稱產生的各項成本。此時，只有投資項目風險更大的借款人可以承擔更高的貸款利率和更嚴苛的借款條件，這樣又會導致更高的貸款損失風險。二者之間的重複博弈將導致貸款人的惜貸行為。這樣，市場上的資金供給將嚴重不足，企業的投資項目將可能因為得不到足夠的資金支持而失敗。事後的信息不對稱是指成功獲得貸款的企業（借款人）掌握著自身款項使用情況的信息，而提供資金支持的貸款人無法充分掌握企業信貸資金使用信息。在貸款發放之後，貸款人為了監督借款人的借貸資金使用情況，以確保貸款償還，還將付出一定數額的監管成本。事後的信息不對稱極易產生道德風險問題。由於貸款人難以督促借款人按交易約定的內容行事，借款人可能從事貸款人不願看到而有損貸款人利益的活動，使貸款人面臨借款人的道德風險。此時，金融仲介作為提供信息的專業代理人，其信息管理功能對於貸款人充分獲取借款人財務情況和貸後活動的信息十分有利，因而有助於推動融資的順利實現。

　　另外，從公司治理角度來看，現代公司中股東、債權人和公司管理層三者的目標不一致：股東的目標是企業市場價值最大化，債權人的目標是債務人能按期還本付息，而公司管理層的目標是個人收益最大化和權力穩定性。股東和債權人並不能直接參與公司日常事務，公司管理層的行動決定了其目標能否實現。如果公司股東和債權人不能對通過相關的監督制衡機制對公司管理層行為

進行有效約束，則可能發生「內部人控制」的問題，即公司管理層利用職權為自己謀取私利，謀求自身利益最大化（如大量的在職消費）而損害公司股東和債權人的利益，造成公司經營低效率和資源的浪費。像這樣由信息不對稱產生的代理問題就需要金融機構充當信息仲介，獲取企業管理層信息，控制對企業資金的貸放，並且跟蹤把握資金使用者的活動軌跡，對資金使用情況的相關信息進行加工、整理，對公司管理層行為進行合理監督和約束，從而減輕「內部人控制」問題帶來的不利後果。由於獲取信息通常很困難，對信息甄別的成本很高，普通的股東和債權人很難有效掌握充分信息來對管理層行為進行監督，因此金融機構信息管理職能是極其重要的。

在現代市場經濟中，企業經營業績、金融工具流動性與有效信息傳遞共同形成了金融市場上證券的均衡價格，是決定金融市場配置資源有效程度的三大決定因素。在市場信息不對稱存在的情況下，市場參與者因所獲得信息的時間、渠道、完整性、真偽等不同會對市場形成不同的預期，而市場參與者的預期對證券價格走勢將產生重大影響，這種效應將會進一步影響到金融市場的功能和效率，進而影響資源配置效率。信息識別、加工、整合和信息傳遞是金融市場的重要功能（金融市場的信息管理功能），該項功能隨著金融體系的不斷發展而得到逐步強化和完善，進而降低市場信息不完全與信息不對稱程度，從而有利於促進投資者積極參與以金融系統為中樞媒介的資源配置系統中，提高金融系統配置資源的效率。

金融機構的信息管理功能有助於緩解信息不對稱的問題，從而避免逆向選擇和道德風險的發生。同時，金融機構的規模效應使得其信息處理能力異於常人，具有較強的信息獲取和處理能力，能節約大量的信息收集和整理成本，在技術創新企業和潛在投資者之間建立信息傳遞的橋樑，為技術創新的順利進行提供信息基礎。另外，金融機構利用其專業性、專門渠道，以及信息技術高效收集、整理海量信息的能力使其能夠較容易地挑選出擁有最有發展前途的技術創新項目，這也有利於有效配置資本，加快技術創新。金融機構不僅可以採集、加工、整理信息，還可以監控資金流動信息等衍生信息，並且將市場調研信息及時反饋給技術創新主體，通過這樣的信息管理，在篩選技術創新項目初期就可以降低技術創新風險。由此可見，金融的信息管理功能從本質上保證了技術創新的方向不偏離市場需求，該功能的傳導路徑如圖4.3所示。

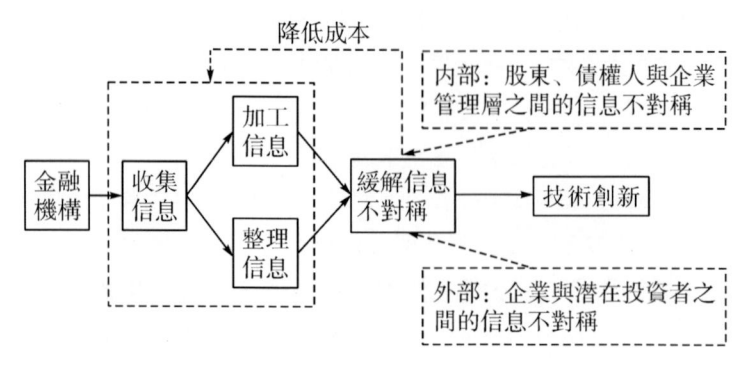

图 4.3 信息管理功能的傳導路徑

4.2.4 服務提升功能

21 世紀後，整個金融市場和金融仲介正在形成新的發展框架和競爭格局，激烈的市場競爭使以銀行為首的金融機構開始思考業務拓展問題。日益豐富的金融資源提高了企業的議價能力，信息技術的迅猛發展、直接融資工具的層出不窮使得傳統金融機構融資功能的核心地位發生了革命性變化，尤以傳統存貸業務為主的銀行體系開始尋求提升經營利潤的新途徑。逐漸深化的金融創新和日益發達的金融市場直接或間接地促使傳統金融機構的功能發生轉化，使其從以資金融通功能為核心的「融資仲介」向以專業化方式提供市場反饋、公司治理、衍生服務等多種金融服務的「服務仲介」轉型（陳立泰 等，2010）。

首先，作為現代經濟核心的金融機構能在第一時間感知經濟的冷暖，通過定期回訪調研的方式將市場變化信息反饋給企業，從而有針對性地推進企業的技術創新，降低技術創新的商業化門檻和成本，提高技術創新的成功率。

其次，在技術創新型企業得到金融機構投資之後，金融機構通常會介入企業的經營與管理，常見的方式有：定期回訪調研，引導優秀的職業經理人進入董事會、管理人力資源等。從金融機構的角度來看，參與企業的經營管理的本質是一種控制風險的方式；但從技術創新本身來看，金融機構參與企業的經營管理是對技術創新的一種誘導和支持，因為它可以大幅縮減企業管理成本，提升企業管理效率，為企業的技術創新提供更好的管理服務。作為金融機構降低投資風險的手段，金融的服務提升功能有利於企業從金融系統中獲取資金資源外的其他資源，有助於企業在技術創新進程中保持較高的效率。金融機構的介入為企業發展注入的大量資金還能為企業聘請到更多的技術創新人才，組建技術攻關團隊，搭建交叉研究平臺，整合高端人才資源，為突破技術創新瓶頸提

供支持。比如，私募基金經理和風險投資家往往專注於一些行業，對行業內的精英了如指掌，在集中投資一批技術創新企業之後，還會將本行業內的精英進行聚集，形成集體攻堅克難的技術創新團隊，減少人力資源的浪費。

最後，金融體系在為企業搭建向社會融資的場所的同時，還產生了專門從事金融服務的仲介機構，為企業提供上市前諮詢、改制重組、盡職調查、資產評估、上市後的信息披露、企業間併購重組、投資基金退出等衍生服務。金融的服務提升功能的傳導路徑如圖4.4所示。

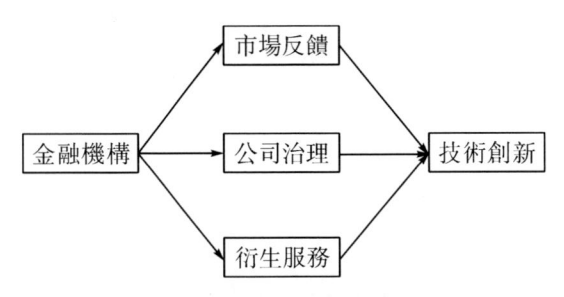

圖4.4 服務提升功能的傳導路徑

4.3 金融支持技術創新的 FRIS 分析框架

4.3.1 FRIS 分析框架概述

我們從金融功能的角度來分析金融對技術創新的支持，並將其歸納為四個方面：融資支持功能（finance）、風險管控功能（risk）、信息管理功能（information）、服務提升功能（service）。這構成了金融支持技術創新的 FRIS 分析框架。

具體來看，融資支持功能是金融的本質功能，並非所有金融系統中的元素都適用於為技術創新進行籌資和融資。風險管控功能則強調金融系統可以從外部和內部兩個方面來降低技術創新風險，這也是技術創新企業有別於其他企業獲取金融資源的本質區別，其中起主要作用的金融機構有私募基金、風險投資機構、新三板市場、政策性銀行等。信息管理功能解釋了金融機構如何將技術創新的方向與市場需求相結合，保證了技術創新的方向性，這相當於降低了外部的風險。服務提升功能則從技術創新企業的內部著手，提升對技術創新的推進效率。

金融的融資支持功能是技術創新的基礎，信息管理功能和服務提升功能從

外部和內部引導了技術創新的方向，分散了市場風險，提高了公司治理水準，最終實現了金融對技術創新的風險管控功能。在 FRIS 分析框架下，金融支持技術創新的傳導路徑如圖 4.5 所示。

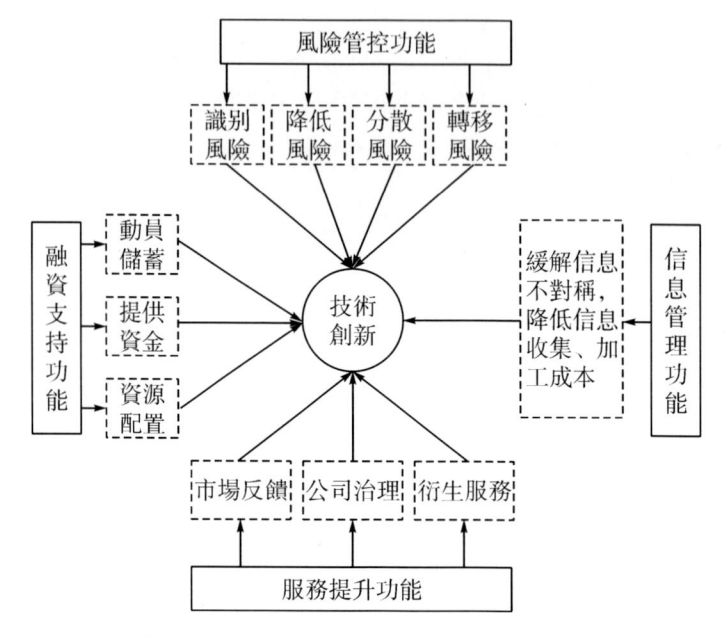

圖 4.5　金融支持技術創新的 FRIS 分析框架

4.3.2　技術創新階段與 FRIS 分析框架

技術創新有著自身的發展階段。每一項具體的技術創新都是從研究開發開始，歷經技術研發成果的導入、實驗、發展和成熟等若干階段。本書將技術創新的過程劃分為種子期、初創期、成長期和成熟期四個階段。

4.3.2.1　種子期

種子期是技術創新過程的萌芽階段。這一階段基本上是技術、產品的開發階段。然而，處於種子期的技術創新成果往往不夠成熟、完善，與其他幾個階段相比較，其最終成功率最低，平均不到10%。同時，由於該階段距離技術創新成果投產的時間最長，因此該階段技術創新的不確定性最大，風險最高。

種子期的技術活動比較密集，其資金投入有一半以上用於研究與開發人員的工資支出，物質投入少。產品市場前景的不確定性導致這類投資風險極大。提供「種子資本」的風險投資基金主要為處於產品開發階段的企業提供小筆融資。種子期種子資本的資金需求量一般較低。在種子期，適宜的投入形式為

風險投資等股本金、專項撥款等。從融資主體的角度看，提供融資支持的主要是風險投資機構、天使投資人、政府或準政府機構。

在該時期，由於技術創新團體的規模比較小，團體內部的信息不對稱程度低，金融仲介在創業團體內部的信息傳遞作用比較有限。此時，外部信息傳遞主要通過創新項目團體與投資機構直接的接觸，即團體向投資人進行項目推薦，由投資機構對項目進行評估最後確定投資意願及投資額。由於種子期創新項目的支出類型比較單一，而且整個團隊主要進行技術研發活動，因而其在技術創新中所做的努力、資金的使用、技術創新中的風險等因素比較容易被投資者觀察和驗證。綜上，種子期企業的內部和外部的信息不對稱程度相對較低。

風險投資機構和各類投資資金在投資創新項目之後就會開始參與創業團隊的內部管理，包括內部治理，人才管理等。在種子期，不管是團隊建設、內部管理，還是創新技術的可行性、先進性、成熟度、競爭力和市場前景，都是充滿不確定性的。對創業團隊而言，他們的技術水準、市場經驗等都會嚴重影響技術創新的成效。此時，天使投資、風險投資機構、私募基金等投資方對公司內部治理、決策的參與，在技術、人才、資源上所提供的幫助，對種子期的技術研發成果及後期商品化後的產品的盈利和經營穩定都有很大好處。

4.3.2.2 初創期

在這一階段，技術創新要以企業形式，將研究成果、專利等初步成果導入商品化階段。在這一階段，才真正出現創業企業。創業企業進行相關技術、產品的二次開發和市場定位，確立經營管理的基本框架。在初創期，企業尚無法得到今後市場將發生的有關市場滲透速度的定量數據結論，但可以掌握業界將來可決定市場滲透速度的因素。在該階段，技術風險已經大大降低。但市場風險、管理風險甚至政策風險都將顯露，同時，此階段距離技術創新成功仍然比較遠，投資者面臨的整體風險仍然很高，平均成功率為20%。

技術創新有了確定的產品和明朗的市場前景後，需要尋求導入資本。產品開發和生產能力開發階段的活動是資金密集型活動，需要投入大量的機器設備、原輔料、能源等。在初創期，產品的生產工藝和市場前景並不十分明朗，產品本身也不一定成熟，一般很難實現盈利，但同時還需要更多的資金用於完善工藝、採購設備、填補庫存和應收帳款的缺口等。所以，在該階段，資金需求量比較大。從金融實務來看，此階段的資金投入形態仍然以風險投資為主。有第三方擔保的債務融資也存在，但不是主流。在股本融資中，優先股也是可以考慮的融資方式，但股本金必須占絕對大的比例。從機構角度看，主要的金融支持主體為風險投資機構、投資銀行等。

该阶段的创业企业初具规模，分工更加细致，企业内部信息网络更加复杂，对信息传递效率、信息质量要求更高。此时，金融仲介的信息管理功能显得更加重要。以风险投资机构和投资银行为主的投资方参与企业生产管理和内部治理，收集企业生产安排、计划及技术成熟度、竞争力等信息，对企业的生产计划和技术进行调整和优化，以提高技术创新的成功率。

4.3.2.3 成长期

成长期是指在技术创新商品化后，有相应产品进入市场并建立销售体系的时期。这一时期，技术创新企业需要制订内部管理和经营发展规划。技术创新在该阶段一般能达到边际利润目标，但不能实现规模经济。其风险逐渐从技术风险转移到市场风险、经营风险等。在此阶段，技术创新风险已显著降低，但依然很高，成功率不足50%。

在成长期，产品的生产工艺基本定型，产品开始进入市场，企业开始获得盈利，但产品的销售市场还需要进一步开拓。此时，企业需要资金投入来扩大生产规模。这一时期的资金需求量迅速上升。除个别企业外，多数企业在此阶段不可能依靠内部资金累积和通常的项目融资或企业自融资解决这一阶段技术创新发展的全部资金要求。但此时企业又很难上市，因此，在没有风险投资的情况下，技术创新很难跨越这一阶段而获得最终的成功。这一阶段距离成功已相对不远，技术风险、市场风险、管理风险等显著降低，从而使得获得股本金以外的较大规模的金融支持成为可能。同时，企业可争取各种形式的资金支持，包括担保负债、无担保的可转债，以及优先股等。在此阶段，适宜的金融支持主体主要有商业银行、二板市场、证券公司、投资银行等。

这一阶段的企业已经具备一定规模，并且拥有较为完整和稳定的管理体制。但是规模扩大、人员增多、管理层级增加也会影响企业内部的信息传递效率，信息链加长会导致信息传递过程中的信息损失，会影响信息完整性和真实性。另外，组织透明度也会影响信息质量，可能产生虚假信息。如果企业监督问责机制不健全，将纵容有损公司利益的虚假信息生成，并且难以追查、修正。由信息不对称和信息不完整问题产生的代理问题等将可能带来严重的管理风险，影响技术创新成败。同时，由于该阶段企业有大量用于开拓市场的资金的需求，为争取各种形式的资金支持，企业需要克服自身与金融机构直接的信息不对称问题。在该阶段，企业已初具规模、各方面风险已经显著降低，这使得更多金融机构愿意考虑为其提供金融支持。此时，金融机构的信息管理功能将发挥重要的作用，金融机构在企业和投资人之间扮演的信息管理角色将对技术创新起到重要的推动作用。

伴隨著企業的高速發展，內部治理問題將會更加突出。市場開拓不僅要求有大量資源的投入，還要求有適宜的營銷方案。營銷方案涉及管理層決策，此時，如果企業內部缺乏一個有遠見、具有敏銳的市場洞察力和對變幻莫測的市場環境的具有較高應變力的管理層，技術創新也無法取得成果。金融機構以投資人身分參與企業經營管理可以幫助企業提高內部治理水準和管理層決策能力，降低企業決策和管理的風險。同時，金融機構為確保預期投資回報率會監督企業資金的使用情況，充當監督人角色，降低企業內部信息不對稱程度，防止內部人控制行為，提高資金使用效率。金融機構的服務管理功能也是成長期企業成功開拓市場，提高技術創新產品盈利能力的重要保障。

4.3.2.4 成熟期

成熟期是指技術創新產業化的完成階段。在該階段，企業利潤增加，規模大幅擴大，企業的銷售收入高於支出，產生淨收入，風險投資開始撤出。同時，其高速增長階段已經過去，市場規模、收入、利潤增長緩慢甚至有可能呈現下降趨勢。但是，技術創新企業已累積了大量的有形資產尤其是固定資產，且其現金流相對穩定。這樣就為其通過銀行信貸等傳統方式獲得金融支持創造了良好的條件。

在成熟期，產品的市場銷路比較暢通，且盈利比較穩定，資金投入主要用於擴大產品的市場份額，以獲取更多的利潤。這時，企業資金需求量大，但投資風險也相對較小。由於銀行要保證其信貸資金安全，因此銀行願意滿足企業技術創新在該階段的資金需求。企業進入成熟期，盈利能力和投資風險都較以前降低。對這一階段的技術創新而言，籌集資金的最佳途徑之一是通過發行股票上市（主板）。股票市場融資一方面為企業的發展和規模擴大奠定資金基礎，另一方面為風險投資的撤出創造條件。風險投資通常通過公開上市而撤出，但有時也通過併購方式撤出。在這一階段，技術創新最終成功的金融支持主體只包括主板市場、二板市場、商業銀行。

不管是股票市場融資還是向商業銀行貸款，都需要較高的信息透明度。特別是企業股票在股票交易市場掛牌上市前，需要聘請保薦人、會計師事務所、律師事務所及資產評估公司出具報告，進行嚴格的信息披露，上市後依然要進行持續、嚴格、符合規範的信息披露。所以，上市之後，技術創新公司的信息透明度會大大提高，信息不對稱和不完善程度會大大降低。公開信息使投資者可以清楚地瞭解公司經營狀況，這會進一步反應到公司股票價格的變動上。高效的金融市場使信息收集、傳遞、獲取的成本大大降低，為投資者進行投資決策提供了可靠依據，使股票價格更加合理地反應公司經營狀況，同時，上市公

司也在公開信息的壓力下更有動力去改善經營狀況、提升公司價值。同樣，商業銀行向企業提供貸款也要進行嚴格的審核，這一過程需要銀行收集大量有關企業的信息資料，還要深入企業進行實地調查，貸後還要進行持續的監督，以確保貸款資金的安全。這一過程也大大提高了企業信息的透明度，降低了企業與銀行之間的信息不對稱，避免逆向選擇和道德風險。由此可以看出，金融仲介的信息管理職能在技術創新的成熟期在企業融資活動發揮著重要作用，該項職能的有效性是成熟期的技術創新企業順利融資、擴大生產規模、提高營業利潤額的重要保障。

在這一時期，金融仲介會為企業提供一系列上市服務，如上市前期的上市諮詢、改制重組、盡職調查、資產評估等和上市後的信息披露、監督等。風險投資可以通過公開上市撤出資金，完成對企業的投資，獲得企業價值增值收益，也可以在金融市場通過併購方式退出。這一過程也會涉及金融服務仲介為風險投資、私募基金等提供盡職調查、資產評估等服務。金融仲介的服務管理職能在企業成熟期也發揮著十分重要的作用。該項職能能否有效發揮關係到企業能否順利上市融資，投資基金能否順利退出等重要的問題。

綜上所述，FRIS 分析框架下不同階段的技術創新對金融功能的要求如表 4.2 所示。

表 4.2　FRIS 分析框架下不同階段的技術創新對金融功能的要求

階段	融資支持功能	風險管控功能	信息管理功能	服務提升功能
種子期	資金需求較低	技術風險極大	內部信息不對稱程度相對較低	團隊管理不完善，資源缺乏
初創期	資金需求增加	投資風險降低，市場風險、管理風險等加大	信息網絡複雜，對信息傳遞質量和效率要求加大	公司治理結構易混亂，以監督激勵服務為主
成長期	資金需求迅速上升	技術風險、市場風險、管理風險等降低	層級結構更複雜，信息不對稱問題嚴重	內部治理問題開始凸顯，決策難度加大
成熟期	資金需求量很大	投資風險較小	上市、貸款要求嚴格的信息披露	金融衍生服務需求迫切

4.3.3　技術創新類型與 FRIS 分析框架

一般而言，我們可以將技術創新分為漸進式技術創新和突變式技術創新。下文將在 FRIS 分析框架下，探討不同的技術創新類型對金融功能的要求。

漸進式技術創新，是指企業按照主流市場的消費者已經高度認同的價值觀念，使現有的產品或服務的性能更加出色的創新。這種技術創新方式主要是通過繼續開發現有的技術，在現有技術上開發出新功能或者提高現有技術的效率；或者將新技術應用於已有的產品的改進，或者通過對流程進行持續改進；力求做到產品和服務在成本和性能上保持競爭優勢，提高競爭實力。

漸進式技術創新由於著重於技術改進，對企業原有的組織構架、經營理念、市場渠道、資源等的衝擊相對較小，這種技術創新方式的適應性較強，風險相對較小，對資金的需求也相對少。實施漸進式技術創新的企業基本可以按原有的開發、生產、銷售模式及流程進行，涉及的組織、人員變動很有限，組織內部的信息傳遞效率、信息不對稱性也不會因此受到太大的影響。由於這種以技術改良為主的漸進式技術創新的風險相對小，形成技術創新成果及其市場效果預期的信息更容易獲取，因而金融仲介在充當信息管理者時所採集的信息質量會相對較高，能夠更好地控制投資風險。另外，由於公司治理結構通常不會因為漸進式技術創新而發生重大調整，企業日常經營不會受到太大影響，金融仲介仍然承擔起原有的服務提升職能，對企業內部治理進行協助和監控。

突變式技術創新，是指通過引入一種新產品或服務，開闢一個全新的市場的創新。其特點是對現有市場形成較大的衝擊，但衝擊過程不會很長，一般都是在一個較短的時間內完成。

突變式技術創新的優點是容易突破傳統觀念和習慣勢力的阻礙，迅速提升企業的競爭力，使企業適應外部環境變化，從而達到整體最優。突變式技術創新往往是先於消費者需求的，它創造需求、引領需求，新的需求又產生新的行業及新的競爭者、新的分銷渠道和新的市場行為。突變式技術創新中包含了新的知識，這種新知識對高端人力資源提出了更高的要求。因此，這種技術創新方式具有更高的成本和更高的風險。這樣的特點也意味著企業需要從整個企業範圍來管理該類型的技術創新，以集合整個企業的資源、能力並通過各個部門的參與降低由於單個部門實施技術創新所引起的風險，而部門協作配合要求企業內部有較高的信息傳遞效率。同時，較高的資金投入也要求企業提高資金使用效率，這意味著需要提高信息透明度，解決「內部人控制」問題。這些對信息質量、傳遞效率的要求也反應出進行突變式技術創新的企業需要金融機構

協助其進行信息管理。為了保證投資安全性，金融機構對企業內部信息的採集、篩選、驗證、加工、整合等工作也會相對更謹慎和仔細。同樣，由於突變式技術創新涉及企業戰略計劃、財務計劃、組織結構、分銷渠道、銷售市場等多方面的調整，因而需要一個有能力、有遠見的管理團體做出恰當決策。這樣，企業才能在突破性技術開發、投產、產品銷售、回收投資、技術改進一系列過程中保證有條不紊、高效運行。這時，金融機構介入企業管理，提出意見、提供信息和資源、監控資金使用情況和管理層行動等將對降低技術創新風險、控制成本、提高技術創新效率有較大幫助。綜上，FRIS 分析框架下不同類型的技術創新對金融功能的要求見表 4.3。

表 4.3　FRIS 分析框架下不同類型的技術創新對金融功能的要求

類型	融資支持功能	風險管控功能	信息管理功能	服務提升功能
漸進式創新	資金需求較小	風險較小	信息傳遞效率較高，代理問題相對可控	衝擊較小，不易出現治理問題
突變式創新	資金需求較大	風險較大	信息傳遞難度較大，成本較高，易產生代理問題、逆向選擇問題	衝擊較大，協調決策難度大，以監督激勵為主

4.4　金融支持技術創新的理論模型

4.4.1　理論建模

本節在 FRIS 分析框架的基礎上，借鑑 Allen 等（1999）的建模思路，構建了一個理論模型來說明金融體系支持技術創新的機理。

根據融資渠道的不同，我們將融資支持功能的實現形式劃分為兩類：金融市場融資與金融仲介融資。其中，金融市場融資主要是指通過資本市場、風險投資基金、私募股權基金等渠道的直接融資，金融仲介融資主要是指通過銀行等渠道的間接融資。

這兩種融資方式在風險管控功能上存在差異。金融市場融資的特點在於資金的潛在供給者（投資者）對技術創新有不同的先驗概率，允許存在一定的投資分歧。每一個投資者都能夠根據自己的意願投入或撤出資金，這種靈活性使得一些技術創新項目很有可能在金融市場上獲得融資。但是，金融仲介在做

投資決策時是由仲介的管理者決定的，投資者不能影響資金的分配。但由於投資者與金融仲介之間存在債權債務關係，因而金融仲介會趨於保守，要麼不敢投資，要麼就只投資未來收益可靠的項目。相比較而言，金融市場融資的風險容忍度應該高於金融仲介融資的風險容忍度。

就信息管理功能而言，金融仲介融資更有優勢。金融仲介的管理者憑藉豐富的專業知識，在獲取信息時更為經濟。即使考慮到金融市場上有很多信息提供者，但就所有投資者而言，在做投資決策時，每一個投資者都必須付出收集信息的成本。

由於金融體系的服務提升功能不易度量和表述，因而在下文的理論建模過程中先暫時忽略此功能。

假定某個單時期經濟社會中有 $N(>>1)$ 個投資者，每個投資者擁有同樣的閒置資金 M/N，即全體投資者所擁有的資金總量為 $M(>>N)$。投資者有兩種投資標的：①非技術創新項目；②技術創新項目。為了更好地考察技術創新，我們假定投資於非技術創新項目所獲得的平均淨回報率為 R（已經扣除所有成本）。

簡單起見，假定技術創新的收益率 $\tilde{X}$ 是一個伯努利試驗：技術創新失敗的收益率為 $l \in [0, 1]$，對應的概率為 $\lambda \in [0, 1]$；技術創新成功的收益率為 $h \in (1, +\infty)$，對應的概率為 $(1-\lambda)$。在這種假定下，技術創新的收益率應滿足：$0 \le l \le 1 < h$。在技術創新的主體是有限責任公司的假定下，技術創新失敗最多損失掉所有本金，因此 l 最小為零；如果資金投入技術創新之後獲得的回報仍是初始本金（$l=1$），則可認為這也是技術創新失敗。顯然，期望收益率為 $E(\tilde{X}) = l \cdot \lambda + h \cdot (1-\lambda) = -(h-l)\lambda + h$。

由於技術創新具有隱蔽性，因而投資者與技術創新之間存在高度的信息不對稱。為了做出投資於技術創新的決策，每一個獨立的投資主體需要支付的單位信息成本為 C。在理性經濟人的假定下，投資者瞭解清楚技術創新的情況之後都能獨立做出投資決定。

從資金流向來看，若有 $\alpha \in [0, 1]$ 部分的風險偏好型資金流入金融市場，那麼它要麼獲得技術創新成功的高收益，要麼投資於非技術創新項目獲得收益率 R。若有 $(1-\alpha)$ 部分的風險厭惡型資金流入金融仲介（銀行），在忽略金融機構營運成本條件下，它期望獲得銀行提供的基本利息收入。為表示銀行的風險厭惡，假定銀行只能將存款的 $\beta \in [0, 1)$ 部分投資於技術創新中，銀行的風險厭惡程度越高，β 越小。若將剩下的 $(1-\beta)$ 資金投資於非技術創新項目，投資者將獲得收益 R。這部分資金並不影響銀行投資於技術創新的決策。

綜上所述，金融支持技術創新的單時期經濟社會可用圖4.6表示，其中共有9個變量。

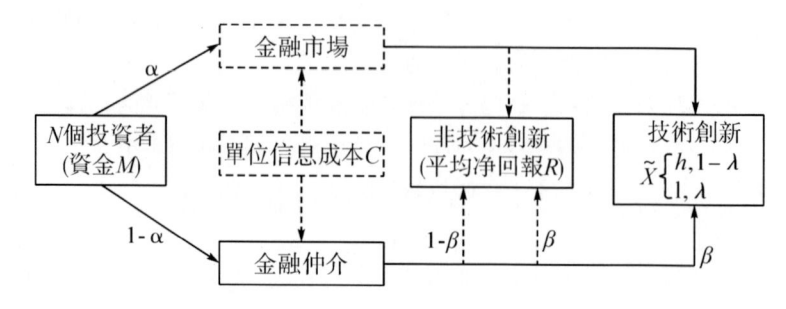

圖4.6 金融支持技術創新的單時期經濟社會

從金融市場融資來看，投資者投資技術創新的期望收益為 $\alpha \cdot M \cdot E(\tilde{X})$，投資者支付的總信息成本為 $N \cdot C$，那麼該融資路徑的淨收益可表示為

$$V_M = \alpha M \cdot E(\tilde{X}) - N \cdot C \tag{4.1}$$

從金融仲介融資來看，是否投資技術創新的決定權在銀行，而銀行的期望收益為 $(1-\alpha) \cdot \beta \cdot M \cdot E(\tilde{X})$。銀行作為一個投資主體所付出的信息成本僅為 C，那麼銀行投資技術創新的淨收益可表示為

$$V_B = (1-\alpha)\beta M \cdot E(\tilde{X}) - C \tag{4.2}$$

我們將投資者視為一個整體，其是否投資技術創新的邊界條件為

$$V_M \geqslant \alpha MR \tag{4.3}$$

整理化簡，得

$$N \cdot C \leqslant \alpha M [E(\tilde{X}) - R] \tag{4.4}$$

同理，銀行願意投資技術創新的邊界條件為

$$V_B \geqslant (1-\alpha)\beta MR \tag{4.5}$$

化簡，得

$$C \leqslant (1-\alpha)M[E(\tilde{X}) - R] \cdot \beta \tag{4.6}$$

更進一步，金融市場融資優於金融仲介融資意味著通過金融市場獲得的投資回報率應高於通過金融仲介獲得的投資回報率：

$$\frac{V_M}{\alpha M} \geqslant \frac{V_B}{(1-\alpha)\beta M} \tag{4.7}$$

化簡，得

$$\beta \leqslant \frac{\alpha}{(1-\alpha)N} \tag{4.8}$$

4.4.2 技術創新風險與金融機構風險容忍度

技術創新的風險主要表現在兩方面：①失敗損失大；②失敗率高。為簡單起見，本小節用失敗率 λ 代表技術創新的風險。金融仲介的投資意願 β 可以在一定程度上表徵其風險容忍度。下文將結合投資的邊界條件，在以橫軸表示技術創新的風險 λ，縱軸表示金融仲介的風險容忍度 β 的坐標系中討論相關問題。由於 β 和 λ 都在 0 和 1 之間，因此討論區域是一個正方形區域。

4.4.2.1 支持技術創新的金融市場融資區域與存在條件

因為 $E(\tilde{X}) = l \cdot \lambda + h \cdot (1 - \lambda) = -(h - l)\lambda + h$，故式（4.4）還可寫成

$$\lambda \leq \frac{1}{h-l}\left(h - R - \frac{NC}{\alpha M}\right) \tag{4.9}$$

記 $\lambda_0 = \frac{1}{h-l}\left(h - R - \frac{NC}{\alpha M}\right) = 1 - \frac{1}{h-l}\left(R + \frac{NC}{\alpha M} - l\right)$，它表示式（4.9）與橫軸的交點。顯然，$\lambda_0 < 1$。

當 $h - R - \frac{NC}{\alpha M} < 0$，也就是 $\alpha < \frac{NC}{M(h-R)}$ 時，$\lambda_0 < 0$，這表明支持技術創新的金融市場融資區域不存在。

當 $h - R - \frac{NC}{\alpha M} > 0$，也就是 $\alpha > \frac{NC}{M(h-R)}$ 時，$\lambda_0 > 0$，這表明支持技術創新的金融市場融資區域存在。

如圖 4.7 所示，λ_0 左側區域為式（4.9）所代表的支持技術創新的金融市場融資區域，λ_0 右側的陰影區域為不融資區域。

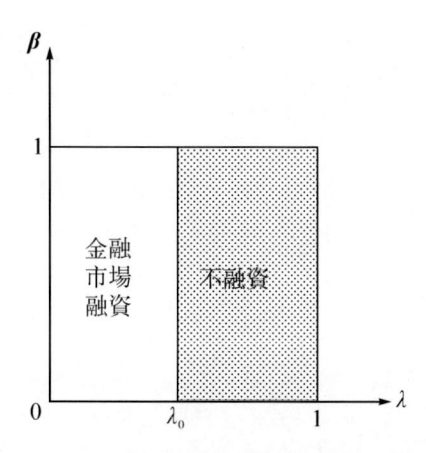

圖 4.7 支持技術創新的金融市場融資區域

換言之，$\dfrac{NC}{\alpha M(h-R)}$ 表示金融市場融資的信息總成本與該部分資金的最高淨收益的占比，只有當 $\dfrac{NC}{\alpha M(h-R)} < 1$ 時，金融市場融資才有存在的可能性。因此，金融市場融資區域的存在條件為

$$\alpha > \frac{NC}{M(h-R)} \tag{4.10}$$

當式（4.10）成立時，必然有 $0 < \lambda_0 < 1$。

4.4.2.2 支持技術創新的金融仲介融資區域與存在條件

同理，式（4.6）也可寫成

$$\beta \geq -\frac{C}{(1-\alpha)(h-l)M} \cdot \frac{1}{\lambda - \dfrac{h-R}{h-l}} \tag{4.11}$$

顯然，式（4.11）表示的是一個雙曲線區域，垂直漸近線為 $\lambda^* = \dfrac{h-R}{h-l} \in (0, 1)$，因為技術創新的高收益性決定了 $h > R > 1 \geq l > 0$。當 $\lambda = 0$ 時，式（4.11）右端為 $\dfrac{C}{(1-\alpha)M(h-R)}$，記為 β_0，表示雙曲線與縱軸的交點。顯然 $\beta_0 > 0$。

當 $\dfrac{C}{(1-\alpha)M(h-R)} > 1$，也就是 $\alpha > 1 - \dfrac{C}{M(h-R)}$ 時，$\beta_0 > 1$，這表明支持技術創新的金融仲介融資區域不存在。

當 $\dfrac{C}{(1-\alpha)M(h-R)} < 1$，也就是 $\alpha < 1 - \dfrac{C}{M(h-R)}$ 時，$\beta_0 < 1$，這表明支持技術創新的金融仲介融資區域存在。如圖4.8所示，雙曲線的左上方區域為式（4.11）所代表的金融仲介融資區域，雙曲線的右下方陰影區域為不融資區域。

換言之，$\dfrac{C}{(1-\alpha)M(h-R)}$ 表示金融仲介融資的信息總成本與該部分資金的最高淨收益的占比，只有當 $\dfrac{C}{(1-\alpha)M(h-R)} < 1$ 時，金融仲介融資才有存在的可能性。因此，金融仲介融資區域的存在條件為

$$\alpha < 1 - \frac{C}{M(h-R)} \qquad (4.12)$$

在此條件下，必有 $0 < \beta_0 < 1$。

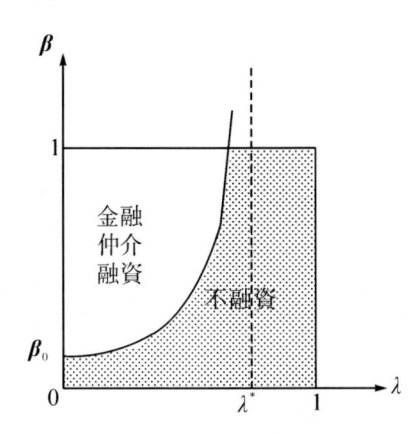

圖 4.8 支持技術創新的金融仲介融資區域

4.4.2.3 支持技術創新的金融市場與金融仲介共存

綜上，如果支持技術創新的金融市場融資區域和金融仲介融資區域都存在，則 α 必須滿足如下條件：

$$\frac{NC}{M(h-R)} < \alpha < 1 - \frac{C}{M(h-R)} \qquad (4.13)$$

我們將式（4.13）稱為支持技術創新的金融市場與金融仲介共存條件。事實上，式（4.13）成立的前提條件為 $\frac{NC}{M(h-R)} < 1 - \frac{C}{M(h-R)}$，也就是

$$(N+1)C < M(h-R) \qquad (4.14)$$

式（4.14）表示：在該經濟社會中，投資於技術創新的最高淨收益必須大於獲取信息的總成本。顯然，技術創新的高收益性決定了式（4.14）必須成立。因此，我們將式（4.14）稱為技術創新可融資條件。

4.4.2.4 技術創新風險與金融機構風險容忍度的匹配模型

我們可用圖 4.9 表示支持技術創新的金融市場與金融仲介共存的條件。其中的陰影區域表示不融資區域，其他區域的含義與前文相同。

圖 4.9 中的 $\lambda_1 = \frac{1}{h-l}\left[h - R - \frac{C}{(1-\alpha)M}\right]$ 表示的是雙曲線與 $\beta = 1$ 的交點

4 支持技術創新的金融功能分析框架 57

橫坐標，容易證明 $\lambda_1 < 1$。支持技術創新的金融市場與金融仲介共存條件保證了 $0 < \lambda_1 < 1$。

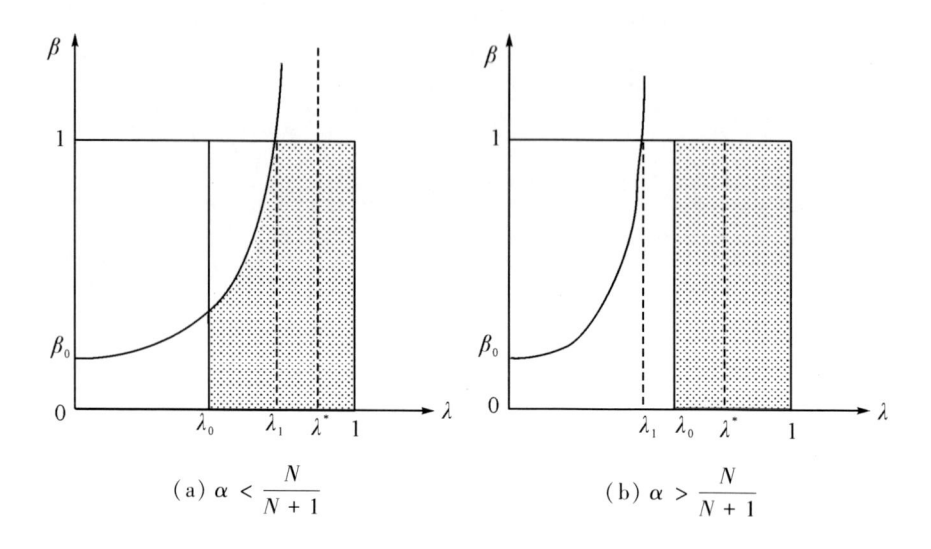

(a) $\alpha < \dfrac{N}{N+1}$ (b) $\alpha > \dfrac{N}{N+1}$

圖 4.9　技術創新風險與金融機構風險容忍度

從理論上來看，我們不能通過前面的模型的參數範圍來直接判斷 $\dfrac{NC}{\alpha M}$ 和 $\dfrac{C}{(1-\alpha)M}$ 的大小關係，從而不能判斷 λ_0 與 λ_1 的大小。下面，我們分別展開討論。

在 $\lambda_0 = \dfrac{1}{h-l}\left(h - R - \dfrac{NC}{\alpha M}\right)$ 中，$\dfrac{NC}{\alpha M}$ 表示金融市場投資的總信息成本占流入金融市場總資金的比值；在 $\lambda_1 = \dfrac{1}{h-l}\left[h - R - \dfrac{C}{(1-\alpha)M}\right]$ 中，$\dfrac{C}{(1-\alpha)M}$ 表示金融仲介投資的總信息成本占流入金融仲介總資金的比值。

當 $\dfrac{C}{(1-\alpha)M} < \dfrac{NC}{\alpha M}$，也就是 $\alpha < \dfrac{N}{N+1}$ 時，$\lambda_0 < \lambda_1$，這表明金融仲介總信息成本占比較低，因此金融仲介融資區域較大，即圖 4.9（a）表示的情形。

當 $\dfrac{C}{(1-\alpha)M} > \dfrac{NC}{\alpha M}$，也就是 $\alpha > \dfrac{N}{N+1}$ 時，$\lambda_0 > \lambda_1$，這表明金融市場總信息成本占比較低，因此金融市場融資區域較大，即圖 4.9（b）表示的情形。

但是，如果該經濟社會的投資者人數眾多（N很大）時，必有 $\dfrac{N}{N+1} \to$ 1。在金融市場與金融仲介共存的條件下，也就是當 $\dfrac{NC}{M(h-R)} < \alpha < 1 - \dfrac{C}{M(h-R)}$ 時，可能起作用的約束條件應該是 $\alpha < \dfrac{N}{N+1}$。因此，圖 4.9（a）應該與現實社會更為接近，下面詳細闡述其經濟含義。

當技術創新的風險 λ 高於臨界值 λ_1（圖 4.10 中的區域 A）時，不論是金融市場還是金融仲介，都不可能為技術創新提供融資功能。

當技術創新的風險 λ 介於臨界值 λ_0 和 λ_1 之間時，如果金融仲介的風險容忍度較高，則有可能由金融仲介提供融資（圖 4.10 中的區域 C）；否則技術創新仍然不能實現融資（圖 4.10 中的區域 B）。在此情形下，金融市場永遠不可能提供融資。

當技術創新的風險 λ 低於臨界值 λ_0 時，圖 4.10 的區域 E 表示金融仲介和金融市場都可以融資的區域，區域 D 表示僅有金融市場融資的區域。

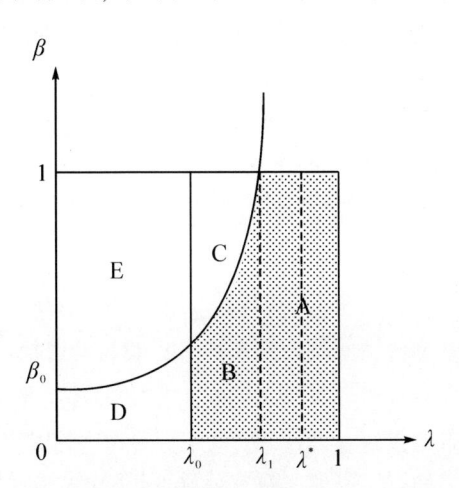

圖 4.10　技術創新風險與金融機構風險容忍度的匹配模型

圖 4.11 為不同階段技術創新的融資優序解釋。假定金融仲介具有較高的風險厭惡（較低的投資意願 β），在圖 4.11 中，我們可用水準直線 $\beta = \overline{\beta}$ 表示。

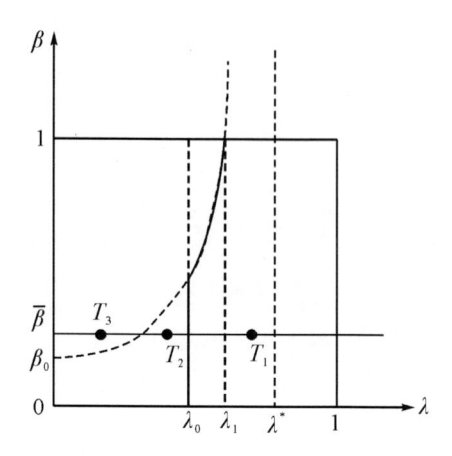

圖 4.11 不同階段技術創新的融資優序解釋

在技術創新的初始階段，其風險很高，我們用圖 4.11 中的 T_1 點表示。T_1 點處於不融資區域，表明風險水準很高的技術創新不能通過金融體系獲得融資。

在技術創新的中期階段，風險有所下降，我們用圖 4.11 中的 T_2 點表示。T_2 點處於資本融資區域，表明此階段的技術創新可以通過金融市場獲得融資，但不能通過金融仲介獲得融資。

在技術創新的後期階段，風險大幅下降，我們用圖 4.11 中的 T_3 點表示。T_3 點所處的區域表明，金融市場和金融仲介都可以為此階段的技術創新提供資金，即金融仲介可以開始支持技術創新。

4.4.3 比較靜態分析

在前文的理論模型中，與技術創新特徵相關的因素都包括在 $E(\tilde{X})$ 中，與金融體系相關的因素有投資者投資意願 α、非技術創新平均淨回報 R，與創新創業環境相關的因素有投資者人數 N、閒置資金 M。假定這三方面的因素都是外生給定的，彼此之間互不影響，在其他條件不變時，我們做比較靜態分析。

從本節開始，我們將開始比較金融市場投資與金融仲介投資的回報率，引入第三個邊界條件，即式（4.7）。當投資者人數 N 特別多時，$\frac{N}{N+1} \to 1$，則 α 必然滿足 $\alpha < \frac{N}{N+1}$，因此，式（4.8）中的 $\beta_1 = \frac{\alpha}{(1-\alpha)N} < 1$。金融仲介融資與金融市場融資的比較見圖 4.12。

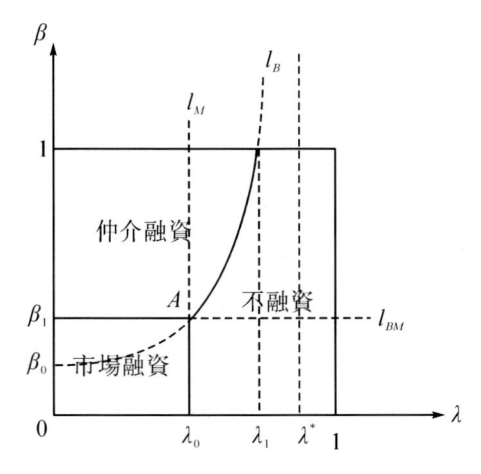

图 4.12 金融仲介融资与金融市场融资的比较

式（4.9）表明，直线 l_M 左侧区域表示技术创新可以进行金融市场融资，直线 l_M 右侧区域表示技术创新不可以进行金融市场融资。式（4.11）表明，双曲线 l_B 左上方区域表示技术创新可以进行金融仲介融资，双曲线 l_B 右下方区域表示技术创新不可以进行金融仲介融资。式（4.8）表明，直线 l_{BM} 上方区域表示金融仲介融资占优，直线 l_{BM} 下方区域表示金融市场融资占优。因此，l_M、l_B、l_{BM} 必然相交于同一点 A，从而将有效讨论区域划分为三块：A 点左下方为金融市场融资区域，A 点上方为金融仲介融资区域，A 点右下方为不融资区域。

由图 4.12 可以看出，当信息不对称程度非常高时，金融市场融资不可行；只有当银行的投资意愿 β 高于某个临界值（在 l_B 上方）时，才有可能由金融仲介提供融资支持。只有当信息不对称程度降低使得信息获取成本降低到临界值 C_m 以下时，金融市场融资才可能实现；如果金融仲介的投资意愿 β 较低时，金融市场融资更有优势。

从金融仲介的投资意愿 β 来看，金融仲介融资的可行区域存在一个最低阈值 $\beta_1 = \left[\dfrac{\alpha}{(1-\alpha)N}\right]$：只有当投资意愿 β 高于阈值 β_1 时，才有可能存在金融仲介融资。如果该经济社会的金融仲介风险容忍度较低，则投资意愿 β 也较低，此时更可能由金融市场提供资金。

4.4.3.1 技术创新的高收益性和高损失性对其融资的影响

技术创新的高收益性表现为 h 很大，下面分别讨论边界线的变化。

就金融市場的投資邊界線 $\lambda_0 = 1 - \dfrac{1}{h-l}\left(R + \dfrac{NC}{\alpha M} - l\right)$ 而言，h 越大，則 λ_0 越大，即 l_M 右移。

就金融仲介的投資邊界線而言，只需考察兩個關鍵點（λ_1 和 β_0）即可。h 越大，邊界線的漸近線 $\lambda^* = 1 - \dfrac{R-l}{h-l}$ 越大，$\lambda_1 = 1 - \dfrac{1}{h-l}\left[R + \dfrac{C}{(1-\alpha)M} - l\right]$ 也越大；同時，邊界線與縱軸的交點 $\beta_0 = \dfrac{C}{(1-\alpha)M(h-R)}$ 越小，整體表現為 l_B 右移。但是，金融市場與金融仲介的分界線 $\beta_1 = \dfrac{\alpha}{(1-\alpha)N}$ 不會變動。

同理，我們可分析技術創新的高損失性對其獲得融資的影響，其高損失性表現為 l 很小。簡而言之，l 越小，λ_1 越小，而 β_0 和 β_1 不變。

我們將上述變動用圖 4.13 表示，其中圖 4.13（a）表示技術創新的高收益性對企業融資的影響，圖 4.13（b）表示技術創新的高損失性對企業融資的影響。顯然，技術創新的高收益性有助於企業獲得金融支持；相反，技術創新的高損失性又使得企業不容易獲得金融支持。我們進一步比較圖 4.13 中的（a）和（b）可以發現，技術創新的高收益性和高損失性並不影響金融市場與金融仲介的分界線 l_{BM}。此外，在圖 4.13（b）中，由於 β_0 沒變，因此高損失性對金融仲介的融資區域影響更大，對金融市場融資區域的影響更小。

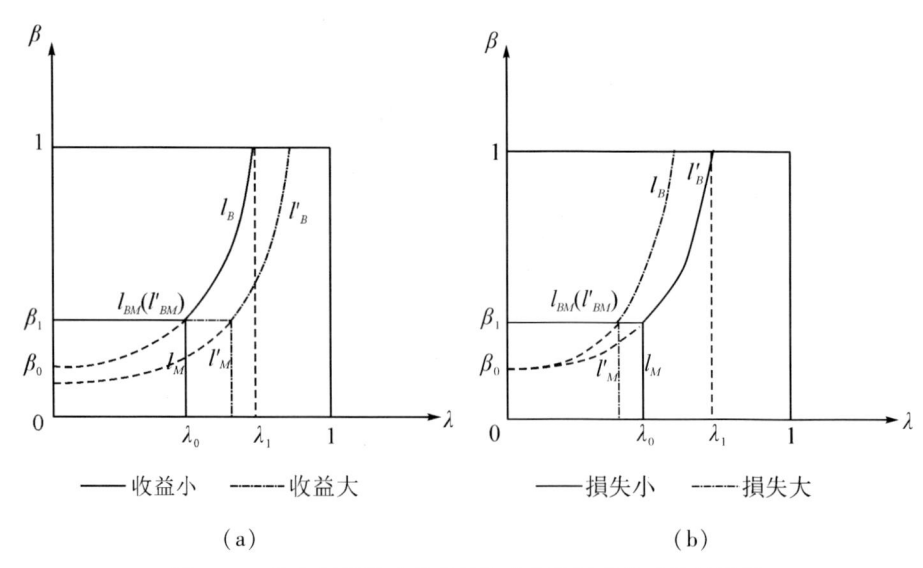

（a）　　　　　　　　　　　（b）

圖 4.13　技術創新的高收益性和高損失性對其融資的影響

4.4.3.2 投資者意願和非技術創新平均淨回報率對技術創新獲得融資的影響

當經濟社會宣布要大力發展金融市場時，更多的投資者會將資金通過金融市場投資給技術創新，即投資者的投資意願 α 提高。這會使得 l_{BM} 上移（β_1 增大），l_M 右移（λ_0 增大），l_B 上移（β_0 增大，λ_1 減小），在圖 4.14（a）中表現為金融市場融資區域擴大，金融仲介融資區域縮小，並且金融仲介的投資意願的最低閾值 β_1 上升，但是投資者意願 α 對不融資區域的影響還不能確定。

當經濟社會的非技術創新平均淨回報率 R 下降時，l_M 右移（λ_0 增大），l_B 右移（β_0 減小，λ_1 增大），l_{BM} 不變（β_1 不變），在圖 4.14（b）中表現為金融市場融資區域和金融仲介融資區域擴大，不融資區域縮小。因此，降息會引導更多資金投資於技術創新，加大對技術創新的支持力度。

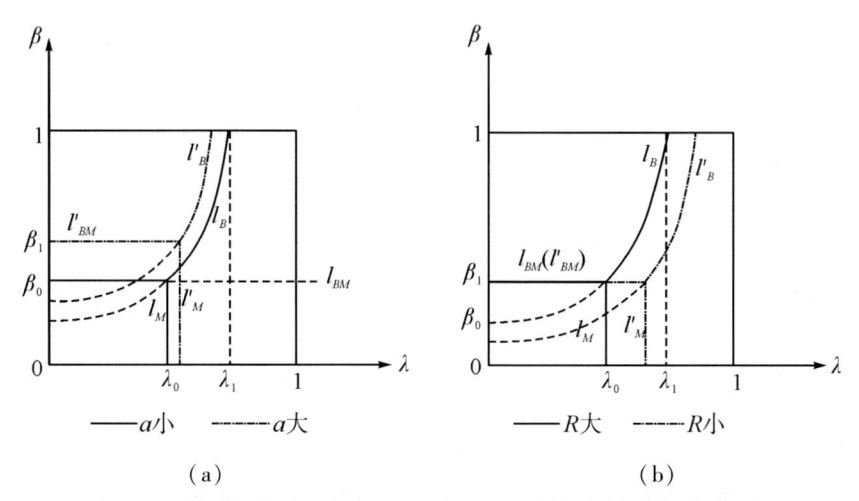

圖 4.14 投資者意願 α 和非技術創新率 R 對技術創新獲得融資的影響

4.4.3.3 創新創業環境對技術創新獲得融資的影響

如果該模型描述的經濟社會的創新創業環境較好，可能會產生兩個方面的效應：①更多投資者加入，即 N 增大；②更多閒置資金流入，即 M 增大。但是，這兩種效應並不一樣。

如圖 4.15（a）所示，投資者人數 N 增加表現為：l_M 左移（λ_0 減小），l_B 不變（β_0 不變，λ_1 不變），l_{BM} 下移（β_1 減小）。在這種情況下，金融仲介融資的信息優勢就表現得尤為突出，而金融市場融資區域被壓縮，整體表現為不融資區域擴大。更多的投資者願意將資金交給金融仲介打理，而金融仲介的投資意願 β 的最低閾值也相應降低，更多的技術創新有可能從金融仲介獲得融資支持。

(a)   (b)

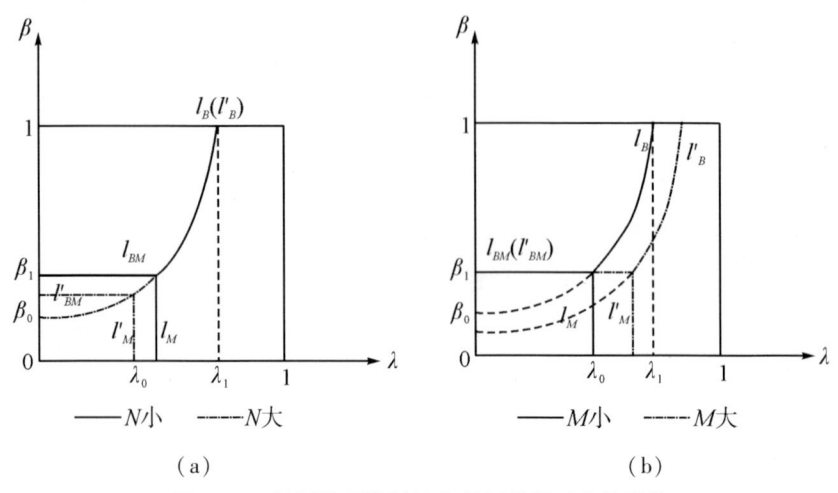

圖 4.15　新創業環境對技術創新獲得融資的影響

在圖 4.15（b）中，閒置資金 M 的增加表現為：l_M 右移（λ_0 增大），l_B 右移（β_0 減小，λ_1 變大），l_{BM} 不變。這種情形與非技術創新的平均淨回報率 R 下降基本一致，即金融仲介和金融市場的融資區域都變大。

4.5　本章小結

首先，筆者從研究金融功能的諸多文獻出發，總結出多個金融體系的功能，結合技術創新的基本特徵，歸納出金融支持技術創新的四大基本功能，即融資支持功能、風險管控功能、信息管理功能、服務提升功能，從而搭建起了 FRIS 分析框架。其次，筆者應用 FRIS 分析框架分析了處於不同階段的技術創新和不同類型的技術創新對金融體系的功能的需求的差異。最後，筆者在 FRIS 分析框架上建立了理論模型。以投資與否為臨界條件，筆者推導出金融市場融資、金融仲介融資的邊界條件以及兩者共存的條件，並系統闡述了技術創新風險與金融機構風險容忍度之間的關係，從理論上解析了技術創新不同階段中的融資優序現象，進而通過比較靜態分析，研究了技術創新的基本特徵、金融體系特徵、外部創新創業環境對技術創新獲得融資支持的影響。

5 技術創新風險與金融機構風險容忍度的匹配分析

由 FRIS 分析框架下建立的理論模型可知，如果技術創新風險與金融機構的風險容忍度不相匹配，將導致技術創新無法獲得融資支持。因此，有必要從風險匹配的視角實證研究中國高新技術企業的風險與金融機構的風險容忍度之間是否匹配。

5.1 技術創新的風險特徵

5.1.1 技術創新的橫向風險

技術創新的成功能夠給公司帶來不菲的收益和巨大的利潤，但是創新也極易失敗，一旦技術創新失敗，將使得前期的技術創新投入付之東流。在經濟學中，風險就是指的未來的一種不確定性，而這種不確定性往往會給經濟主體帶來損失。管理學中的風險理論根據風險是否可能為企業帶來獲利機會，將企業風險分為兩種類型：純粹風險（pure risk）和投機風險（speculative risk）。純粹風險是指只能給企業帶來損失而不會給企業創造收益的風險，投機風險是指可能給企業帶來損失但同時又具有獲利機會的風險。根據上述分類，企業創新風險顯然屬於投機風險。

作為投機風險的技術創新風險除了本質上的危險性之外，還具有激勵效應，而技術創新的高回報性將會使得技術創新風險的激勵效應更強。正是因為這種風險收益的準對稱性，才使得微觀主體被激勵從而進行技術創新。多區域、多層次的微觀主體在潛在高收益激勵下進行技術創新，經過成功概率的篩選，最終會有一部分微觀主體創新成功。這表現為宏觀層面的技術升級換代，

從而推動整個經濟社會向前發展。

在美國的 Hindsight 項目、SAPPHO 項目、斯坦福創新項目和加拿大的 New Prod 項目等研究項目的帶領下，從20世紀60年代開始，越來越多的西方學者開始關注創新風險的研究。國內學者對技術創新風險也展開了廣泛的研究，學者根據研究結果對技術創新風險進行了不同分類。如以謝科範（1999）為代表的學者，將企業和項目分開考慮，把風險分為企業所面臨的風險和項目所面臨的風險。謝科範（1999）將技術創新風險因素分為環境因素、項目因素、企業能力因素和項目管理因素四大類，再對每個因素項進行細分。環境因素中包括宏觀經濟、市場、競爭對手、政策等方面的共15項指標；項目因素包括技術、產品等方面的共18項指標；企業能力因素包括生產、銷售、管理能力和資金實力等方面的共15項指標；項目管理因素包括項目決策、計劃、組織等方面的共15項指標。該指標體系是國內較早也是較為全面的關於企業創新風險的指標體系，其分類方法和指標項也被廣泛應用。

另外一種常見的分類是將企業和項目的風險結合起來考慮，將風險因素按照性質不同進行分類，如將風險因素分為環境因素、市場因素、技術因素、管理因素和財務因素等。如歐陽建新（2001）對現代企業的創新風險構建了預警指標體系，將其分為環境因素、市場因素、技術因素、資金因素、管理因素五個方面，並從這五個方面來設計技術創新風險預警綜合指標體系。前兩個因素側重於企業創新風險的外部成因，屬於企業外部風險；後三個因素側重於企業風險內部成因，屬於內部風險。歐陽建新還對五個因素做進一步細分：環境因素主要包括宏觀經濟、政策和行業方面的風險因素；市場因素涉及市場認可、競爭、銷售等方面的因素；技術因素主要包括技術實力和技術性質方面的因素；資金因素包括資金實力、籌資、資金營運三個方面的因素；管理因素從項目負責人和組織機構兩個方面衡量企業創新風險。該分類總共包括三級指標，其二級指標的分類方法就是常見的綜合考慮企業和項目風險的指標的分類方法之一。

還有一些學者將風險因素結合創新過程進行劃分。如譚冰（2007）按產品創新過程對中小企業創新項目風險進行劃分並構建了指標體系。譚冰將產品創新過程分為研發過程、生產過程和營銷過程，並將它們作為風險指標體系中的一級指標；在一級指標基礎上再對一個創新階段進行細分，並將它們作為二級指標；最後對每個細分過程進行風險評估，形成三級指標。產品研發過程分為創新設想、評估和研發階段；產品生產過程分為中試和批量生產階段；市場營銷過程分為市場銷售、售後服務和反饋階段。譚冰根據不同階段建立風險指標，這些指標共有33個，涵蓋3個大過程、7個小階段。這種方法充分考慮了

技術創新各階段的風險差異。

儘管學者對技術創新風險的分類方法有所不同，但多數風險指標是在學者之間達成共識的。本書綜合考慮了現有主要文獻所構建的技術創新風險評價指標體系，參考了其中一些文獻中具體風險指標的選擇和分類方法，並結合中國高新技術企業創新風險的實際情況，構建了技術創新企業的風險評價指標體系（如表 5.1 所示），相關指標的經濟含義參見附錄 3。

表 5.1　技術創新企業風險評價指標體系

歸屬類別	類型	指標名稱
環境風險 Z_1	經濟風險 Y_1	宏觀經濟發展形勢 X_1、利率匯率水準 X_2、物價水準 X_3、資本市場發展程度 X_4
	政策風險 Y_2	國家政策與法律法規 X_5、國家對高新產業規劃 X_6
市場風險 Z_2	市場競爭風險 Y_3	競爭對手數量 X_7、競爭對手實力 X_8、競爭對手不正當競爭行為 X_9、進口產品衝擊 X_{10}
	市場需求風險 Y_4	市場需求變動 X_{11}、消費者對競爭對手產品依賴度 X_{12}
	市場開拓風險 Y_5	企業信譽與知名度 X_{13}、營銷人員能力、素質和積極性 X_{14}、廣告及促銷 X_{15}、產品定位 X_{16}、銷售網絡模式 X_{17}
技術風險 Z_3	技術人員風險 Y_6	研發人員實力 X_{18}、技術人才流失 X_{19}
	研究開發風險 Y_7	技術難度與複雜性 X_{20}、技術成熟度 X_{21}、技術先進性 X_{22}、專利保護程度 X_{23}、技術開發資源保障 X_{24}
	生產開發風險 Y_8	生產資源供應 X_{25}、設備、儀器適應性 X_{26}、工人素質、能力與激勵 X_{27}、生產成本控制 X_{28}
	產品風險 Y_9	產品質量與性能 X_{29}、產品對企業現有產品替代性 X_{30}、產品進入目標市場能力 X_{31}、產品生命週期 X_{32}、產品可替代性 X_{33}
管理風險 Z_4	決策者素質風險 Y_{10}	決策者知識水準 X_{34}、決策者的市場和技術信息敏感度 X_{35}、決策者對待創新的態度 X_{36}
	組織風險 Y_{11}	內外部信息傳遞效率 X_{37}、組織協調與實施能力 X_{38}
	社會關係風險 Y_{12}	社會關係資源 X_{39}、公關危機處理能力 X_{40}
財務風險 Z_5	資金實力風險 Y_{13}	資金實力風險 X_{41}
	融資風險 Y_{14}	融資渠道不足 X_{42}、取得長期借款能力 X_{43}、持續融資能力 X_{44}
	資金營運風險 Y_{15}	流動性風險 X_{45}、盈利能力風險 X_{46}

5.1.2 技術創新的縱向風險

技術創新的縱向風險是指高新技術企業不同發展階段的風險特徵。企業在各發展階段均可能面臨環境風險、市場風險、技術風險、管理風險和財務風險，但是在不同階段，其所面臨的風險具有不同的分佈，發生變化的規律可能存在顯著的差別。縱向風險分析的目的就是認識企業的風險因素在時間軸上的分佈特徵。如表5.2所示，我們將高新技術企業發展階段分為種子期、初創期、成長期和成熟期，並分別研究各階段的橫向風險。

表5.2 企業不同發展階段的風險

過程	風險				
	環境風險	市場風險	技術風險	管理風險	財務風險
種子期	Z_{11}	Z_{12}	Z_{13}	Z_{14}	Z_{15}
初創期	Z_{21}	Z_{22}	Z_{23}	Z_{24}	Z_{25}
成長期	Z_{31}	Z_{32}	Z_{33}	Z_{34}	Z_{35}
成熟期	Z_{41}	Z_{42}	Z_{43}	Z_{44}	Z_{45}

（1）種子期。

種子期是指企業創新技術醞釀與發明階段。種子期的任務和特點決定了這一階段企業技術創新項目所面臨的風險主要是技術風險和財務風險。種子期是技術研發階段，因此，種子期存在的主要是研發階段的技術風險。該階段的研發方案、產品性能設計決定新技術的難度、複雜性和技術先進性。技術難度高、實現過程複雜將提高研發失敗率。技術先進性不足也將增加新產品的市場風險和新技術被替代的風險。技術開發所需資源若無法得到保障，技術研發工作也就無法順利進行。

種子期企業的技術創新活動並不能產生直接的經濟回報，此時，企業只有依靠創始人的創業基金、天使投資基金、風險投資等獲得資金支持。而種子期企業創新項目風險極高，投資失敗率高，因此投資人在這一階段的投資行為較為審慎，企業的融資難度也比較大。財務風險是種子期企業面臨的重要風險。創新項目一旦得不到足夠的資金支持，就很可能失敗。財務風險和技術風險是緊密相連的，風險投資機構資金通常是根據技術開發進展分批投入企業的。一旦技術開發遇到嚴重障礙，無法取得突破性進展，企業將很難順利獲得下一階段的風險資金，資金風險將會立刻凸顯。

（2）初創期。

初創期是指企業利用種子期的研發成果完成新產品的開發生產，並將新產品推向市場，實現產品商業化的階段。這一時期，企業面臨的主要風險是市場風險和財務風險。對於尚未具備市場基礎的新產品，消費者對其有一個逐漸熟悉和接受的過程，新產品能否被消費者接受具有不確定性。在初創期，企業的規模比較小，其產品在激烈的市場競爭中能否脫穎而出取決於其競爭力和競爭對手的實力。若新產品的可替代性比較高，技術模仿成本低，競爭對手的技術模仿行為、產品同質化將大大削弱新產品的市場競爭力。新產品成功進入市場不僅要依賴產品質量和性能，適應不斷變化的市場需求，還要有合適的營銷手段。企業的營銷投入、營銷策略、銷售渠道等都是影響初創期企業技術創新風險的重要因素。

充足的資金投入是初創期企業形成生產能力、開拓市場的保障。這一時期，企業的資金需求量是種子期所需資金的 10 倍以上。由於企業沒有以往的經營記錄和業績證明，新產品能否產生經濟效益以及能產生多少經濟效益存在極大不確定性，而這直接決定了企業未來價值和風險資金的投資回報率。因此，企業的創新產品若不具備良好的市場前景，企業將很難獲得風險投資，沒有足夠的資金形成生產力和開拓市場，最終導致創新失敗。

（3）成長期。

在成長期，企業的新技術不斷成熟，新產品逐漸被市場接受，目標市場逐漸穩定，市場份額逐漸提高，競爭力和品牌影響力不斷增強，創新產品產生的經濟效益不斷提高，企業因此獲得持續增長的現金流量。創新項目的盈利能力的增強也將吸引風險資金參與項目投資。這一時期，高新技術企業的內部融資和外部融資能力都會較種子期及初創期顯著提高，企業所面臨的資金風險將得到很大緩解。企業在成長期所面臨的主要風險是管理風險和環境風險。隨著企業成長速度加快，規模迅速膨脹，其管理難度也會加大。決策者的決策能力、市場信息敏感度、社會關係，以及管理者的組織協調能力等都將在一定程度上影響企業的成長。新產品質量、性能能否不斷改進以適應市場上消費者對產品服務提出的新要求，新技術能否及時更新升級以搶占市場先機，保持競爭優勢和市場份額，對決策者來說是巨大的考驗。一旦決策者決策失誤，將使企業陷入嚴重困境。

隨著成長期企業規模的擴大，企業的營運也日益複雜，採購、倉儲運輸、生產、銷售等各環節協同配合的難度增加，任何一個環節發生問題都將對企業產生重大影響。因此，企業必須不斷進行管理升級，優化管理模式，提升企業

營運能力，控制管理風險。

另外，環境風險也是成長期企業面臨的主要風險。宏觀經濟波動、原材料價格變動、利率匯率水準變動，以及政府對企業創新項目所屬行業產業政策的變動等，都將影響成長期技術創新產品的持續盈利能力。

（4）成熟期。

在成熟期，企業的生產技術比較成熟，管理制度比較完善，管理者的管理經驗比較豐富，企業產品知名度、市場佔有率及品牌的用戶黏性都有很大的挺高，企業核心競爭力逐漸形成。在成熟期，企業的管理、技術、產品逐漸成熟的同時，也面臨著內部組織僵化、缺乏創新動力、投資收益率下降、企業成長速度放緩等問題。處於這一時期的企業所面臨的主要風險是管理風險和環境風險。

在成熟期，企業面臨的管理風險主要是指來自決策層面的戰略風險。制定正確的戰略對保持成熟期企業成長潛力起著至關重要的作用。正確的戰略指引需要根據宏觀經濟環境、創新成果所屬行業的產業政策和發展狀況、市場變化和企業自身發展等因素來確定，並根據內外部環境變化靈活調整。另外，成熟期的企業儘管能憑藉成熟的管理制度、健全的內控系統來有效地控制內部風險，但難以有效控制外部風險，如經濟衰退風險、政策變動風險、政治活動引發市場需求變動風險、自然災害等。這些外部風險一旦發生將很可能對企業創新活動造成致命打擊甚至威脅企業生存。企業可以提前建立應急預案和風險預警來分散或轉移外部環境風險，盡可能減小風險事故對企業的影響。

5.2 技術創新的風險評估模型

5.2.1 風險評估系統

5.2.1.1 風險評估系統概述

為了構建一個評估系統，必要的指標至少包含 4 個：評價指標 A、評語體系 V、評估者 u、評估算法 f。

評價指標 A 是指對我們要評估的對象，即本書中的技術創新風險，設置的一系列指標體系。這些指標的選取可以通過對以往文獻結果整理、實地調研等方式確定。

評語體系 V 是由不同程度的評語構成，比如常見的 5 級評語體系可以是 {很差、差、一般、好、很好}。

評估者 u 是指對每一個評價指標進行評估的具體評估人。

評估算法 f 是指根據評語指標、評語體系、評估結果所生成的綜合評價的算法。常見的算法有：層次分析法（郭金玉 等，2008）、模糊評價法（江高，2005）、粗糙集理論（李遠遠，2009）、灰色理論（胡大立，2003）、可拓理論（原國紅 等，2005）等。綜上所述，一個評估系統可定義如下：$E(A, V, U, f)$ 是一個評估系統，其中，$A = \{a_1, \cdots, a_m\}$ 為評價指標，$V = \{v_1, \cdots, v_l\}$ 為 l 級評語體系，$U = \{u_1, \cdots, u_n\}$ 為 n 位評估者，f 為評估算法。

因此，一般化的評估結果可以表示成如下的 $n \times m$ 矩陣形式 UA：

UA	a_1	$\cdots$	a_j	$\cdots$	a_m
u_1	x_{11}	$\cdots$	x_{1j}	$\cdots$	x_{1m}
$\vdots$	$\vdots$	$\ddots$	$\vdots$	$\ddots$	$\vdots$
u_i	x_{i1}	$\cdots$	x_{ij}	$\cdots$	x_{im}
$\vdots$	$\vdots$	$\ddots$	$\vdots$	$\ddots$	$\vdots$
u_n	x_{n1}	$\cdots$	x_{nj}	$\cdots$	x_{nm}

其中，$x_{ij} \in V = \{v_1, \cdots, v_l\}$ 是評論人 u_i 對評論指標 a_j 的評估結果，可用一個數字表示，也可用文字形式表示。

5.2.1.2 風險評估系統的構建

在構建起一般化的評估系統模型後，我們需要對評估系統中的要素分別賦予實際意義。

（1）風險指標。

根據 5.1 節的分析結果，結合技術創新風險的評估需要，我們採用層次分析法，將風險評價指標 A 分為三個層次 $\{Z \sim Y \sim X\}$。

第 1 層的風險評價指標 $\{Z\}$ 有 5 個，分別為：環境風險 Z_1、市場風險 Z_2、技術風險 Z_3、管理風險 Z_4、財務風險 Z_5。

第 2 層的風險評價指標 $\{Y\}$ 可細分為 15 個：

$Z_1 = \{經濟環境 Y_1，政策環境 Y_2\}$；

$Z_2 = \{市場競爭 Y_3，市場需求風險 Y_4，市場開拓風險 Y_5\}$；

$Z_3 = \{技術人員風險 Y_6，研究開發風險 Y_7，生產風險 Y_8，產品風險 Y_9\}$；

$Z_4 = \{決策人員風險 Y_{10}，組織風險 Y_{11}，社會關係風險 Y_{12}\}$；

$Z_5 = \{資金實力風險 Y_{13}，融資風險 Y_{14}，資金營運風險 Y_{15}\}$。

第 3 層的風險評價指標 $\{X\}$ 可進一步細分為 46 個（其詳細內容見表 5.1）。

$$Z_1 \begin{cases} Y_1: X_1, X_2, X_3, X_4 \\ Y_2: X_5, X_6 \end{cases}$$

$$Z_2 \begin{cases} Y_3: X_7, X_8, X_9, X_{10} \\ Y_4: X_{11}, X_{12} \\ Y_5: X_{13}, X_{14}, X_{15}, X_{16}, X_{17} \end{cases}$$

$$Z_3 \begin{cases} Y_6: X_{18}, X_{19} \\ Y_7: X_{20}, X_{21}, X_{22}, X_{23}, X_{24} \\ Y_8: X_{25}, X_{26}, X_{27}, X_{28} \\ Y_9: X_{29}, X_{30}, X_{31}, X_{32}, X_{33} \end{cases}$$

$$Z_4 \begin{cases} Y_{10}: X_{34}, X_{35}, X_{36} \\ Y_{11}: X_{37}, X_{38} \\ Y_{12}: X_{39}, X_{40} \end{cases}$$

$$Z_5 \begin{cases} Y_{13}: X_{41} \\ Y_{14}: X_{42}, X_{43}, X_{44} \\ Y_{15}: X_{45}, X_{46} \end{cases}$$

（2）評語體系。

為了建立風險匹配模型的需要，本研究採用9級量表評語體系，即 $V = \{v_1, \cdots, v_9\}$。數字形式的評語體系：$V = \{1, 2, 3, \cdots, 9\}$。文字形式的評語體系為：$V = \{$非常低，很低，低，較低，一般，較高，高，很高，非常高$\}$。

（3）評估方法。

如前所述，筆者通過調查問卷最終獲得的是一個只包含三個層次的風險評價指標的評價結果。根據層次分析法的要求，我們需要賦予每一個層次的各個指標一定的權重，再逐層倒向遞推，最後得出綜合的評語結果。

我們可根據主客觀對象的不同，將定權方法分為主觀定權法和客觀定權法。根據主觀定權法，我們可以讓某一領域的多位專家根據自己的知識水準和經驗，對三層評價指標體系 $\{Z \sim Y \sim X\}$ 中的各層級內的各因素進行比較評分，通過一定的方法可得每層指標的相對權重。後文將分別詳細介紹基於正互反矩陣的專家定權法和基於模糊互補矩陣的定權法。客觀定權法是指各層指標的權重不依賴其他數據，直接根據調研結果得到指標的相對權重。常見的理論是粗糙集理論，後文將介紹基於評價量表信息量的粗糙集定權法。

在倒向遞推中，本書主要採用模糊數學法。在獲得各層指標權重之後，筆者結合模糊數學法，通過模糊矩陣運算，可得到第 1 層評價指標 {Z} 對評語體系 V 的隸屬向量 $L = \{l_1, \cdots, l_9\}$。根據隸屬度最大的原則，$l_i = \max\{l_1, \cdots, l_9\}$ 對應為評語體系中的 v_i，那麼綜合評語就為第 i 級。

根據層次分析法和模糊數學理論，我們可建立技術創新風險的綜合評估模型，以全面反應技術創新在某一時期的橫向風險特徵，為構建風險匹配模型奠定基礎。關於技術創新企業在四個時期（種子期、初創期、成長期、成熟期）的風險評估調查問卷參見附錄 4。

5.2.2 主觀定權法

5.2.2.1 多層次模糊評價定權概述

專家對隸屬於同一層級的評價指標進行兩兩充分對比。根據前文構建的層次結構，第 1 層評價指標 {Z} 有 5 個，兩兩比較將構成 1 個 5 階的評分方陣 R_1；第 2 層評價指標 {Y} 有 5 組 15 個，每一組內部的評價指標兩兩比較將構成 5 個評分方陣 R_2、R_3、R_4、R_5、R_6，對應階數分別為 2 階、3 階、4 階、3 階、3 階；同理，第 3 層評價指標 {X} 有 15 組 50 個，每一組內部的評價指標兩兩比較將構成 15 個評分方陣 $R_7 \sim R_{21}$[①]。因此，對於每一位專家，將有 21 個評分方陣 $R_1 \sim R_{21}$，詳細的調查問卷參加附錄 5。

設參與評價指標相對性評估的專家組人數為 s，記 $R_k^s = [r_{ij}^{sk}]$，其中：R_k^s 表示第 s 位專家的第 k 個評分方陣，其中 $s \in \{1, 2, \cdots, s\}$，$k \in \{1, 2, \cdots, 21\}$；$r_{ij}^{sk}$ 表示第 s 位專家的第 k 個評分方陣中的評價指標 i 與評價指標 j 的評分值。

（1）正互反矩陣。

若 n 階方陣 $R = [r_{ij}]$ 對 $\forall i, j$ 同時滿足條件：$r_{ij} > 0, r_{ij} \times r_{ji} = 1, r_{ii} = 1$，則稱方陣 R 為正互反矩陣。

對於每一個評分方陣 R_k，我們可按照表 5.3 的標度建立正互反矩陣。

---

① 因為第 2 層評價指標 Y_{13} 下面只包含一個評價指標 X_{41}，因此無須確定權重，即 $R_{19} = 1$。

表 5.3　兩兩評價指標對比的正互反判斷標度

r_{ij}	含義	$r_{ji}(=1/r_{ij})$
1	評價指標 i 與評價指標 j 同等重要	1
2	評價指標 i 比評價指標 j 稍微重要	1/2
3	評價指標 i 比評價指標 j 明顯重要	1/3
4	評價指標 i 比評價指標 j 強烈重要	1/4
5	評價指標 i 比評價指標 j 極端重要	1/5

（2）模糊互補矩陣。

若 n 階方陣 $\boldsymbol{R}=[r_{ij}]$ 對 $\forall i,j$ 同時滿足條件：$r_{ij}>0$，$r_{ij}+r_{ji}=1$，$r_{ii}=0.5$，則稱方陣 $\boldsymbol{R}$ 為模糊互補矩陣。

對於每一個評分方陣 R_k，我們可按照表 5.4 的標度建立模糊互補矩陣。

表 5.4　兩兩評價指標對比的模糊互補判斷標度

r_{ij}	含義	$r_{ji}(=1-r_{ij})$
0.5	評價指標 i 與評價指標 j 同等重要	0.5
0.6	評價指標 i 比評價指標 j 稍微重要	0.4
0.7	評價指標 i 比評價指標 j 明顯重要	0.3
0.8	評價指標 i 比評價指標 j 強烈重要	0.2
0.9	評價指標 i 比評價指標 j 極端重要	0.1

事實上，不論是採用正互反矩陣還是採用模糊互補矩陣，在讓專家組進行指標比較時的評語含義是一致的，只是在兩種方法中所賦予的分值有所不同而已。如果專家組對各個指標的相對重要性排序一致，那麼不論是使用正互反矩陣還是使用模糊互補矩陣，求得的各指標相對排序也應該是一致的。

（3）問卷結果的轉換。

有相關文獻直接通過前述的判斷標度去獲取專家的評分結果，但是當互相比較的指標數目較多時，很難保證一致性。因此，筆者特設計了一種新的調研問卷（詳見附錄 5）。在問卷設計時，我們先確保排序的一致性，由此獲得的結果一定可以通過一致性檢驗[①]。本書假設專家是理性經濟人，指標的重要性

[①] 為了保證數據的科學性，在實際的編程計算中，筆者仍然根據相關文獻編寫了檢驗代碼，所得計算結果均通過了一致性檢驗。限於篇幅限制，本書就不列出詳細的一致性檢驗算法。

具有傳遞性和加和性。比如，A 的重要性是 B 的 3 倍，B 的重要性是 C 的 1 倍，有理由認為，A 的重要性是 C 的 4 倍。

由於正互反矩陣和模糊互補矩陣本質上是一致的，因此只需要將附錄 5 的調查問卷轉換為其中之一即可。例如，某專家給出的第 1 層的風險指標評級為

$$Z_3 \overset{2}{\Rightarrow} Z_5 \overset{3}{\Rightarrow} Z_2 \overset{2}{\Rightarrow} Z_4 \overset{1}{\Rightarrow} Z_1$$

第一步，程度標準化。根據附錄 5 的設計，兩兩之間的重要性最大為 3，因此可將上式轉換為

$$Z_3 \overset{\frac{2}{3\times 4}}{\Rightarrow} Z_5 \overset{\frac{3}{3\times 4}}{\Rightarrow} Z_2 \overset{\frac{2}{3\times 4}}{\Rightarrow} Z_4 \overset{\frac{1}{3\times 4}}{\Rightarrow} Z_1$$

第二步，程度相對化。根據上式，可認為 Z_3 相對於 Z_1 的重要為 $\frac{2+3+2+1}{3\times 4} = 0.67$（保留到小數點後兩位）。

第三步，重要性轉換，轉換結果如表 5.5 所示。

表 5.5　轉換結果

相對程度	0	0.1~0.25	0.26~0.5	0.51~0.75	0.75~1
評價	同等重要	評價指標 i 比評價指標 j 稍微重要	評價指標 i 比評價指標 j 明顯重要	評價指標 i 比評價指標 j 強烈重要	評價指標 i 比評價指標 j 極端重要
正互反矩陣	1	2	3	4	5
模糊互補矩陣	0.5	0.6	0.7	0.8	0.9

在前例中，我們可認為 Z_3 比 Z_1 強烈重要，由此可得到評級矩陣的右上三角的第 1 行第 3 列和第 3 行第 1 列的數值。其餘轉換方法以此類推。由於專家問卷的份數並不多，為減少編程難度，附錄 5 的問卷調查數據的轉換通過手工計算進行。由於主觀定權法的兩種矩陣背後的含義是一致的，因此兩種類型的矩陣可以通過程序實現互相轉換。附錄 8 給出的程序的初始數據來源於正互反矩陣的上三角部分。

5.2.2.2　基於正互反矩陣的定權法

一般而言，對於 n 階正互反矩陣 $\boldsymbol{R} = [r_{ij}]$，若對 $\forall i, j$ 和 k 滿足條件 $r_{ij} \times r_{jk} = r_{ik}$，則稱方陣 $\boldsymbol{R}$ 為一致正互反矩陣。

數學上可以證明，對於 n 階一致正互反矩陣 $\boldsymbol{R} = [r_{ij}]$，其最大特徵根為 $\lambda_{\max} = n$，對應的特徵向量 $\boldsymbol{W} = (w_1, \cdots, w_i, \cdots, w_n)^T$ 滿足 $r_{ij} = w_i / w_j$，且其餘特徵根全為零。此外，還可證明，正互反矩陣為一致正互反矩陣的充分必要

條件就是 $\lambda_{max} = n$。

我們假設 n 個指標的權重向量為 $\boldsymbol{W}^{sk} = (w_1^{sk}, \cdots, w_n^{sk})^T$。如果專家對各個指標的相對重要性排序是一致的，即指標相對重要性滿足傳遞性，根據正互反矩陣的構造方法，由其評分構造的正互反矩陣必然為

$$\boldsymbol{R}_k^s = \begin{bmatrix} w_1^{sk}/w_1^{sk} & \cdots & w_1^{sk}/w_n^{sk} \\ \vdots & \ddots & \vdots \\ w_n^{sk}/w_1^{sk} & \cdots & w_n^{sk}/w_n^{sk} \end{bmatrix} \tag{5.1}$$

顯然，滿足一致性要求的專家評分矩陣 $\boldsymbol{R}_k^s$ 必然為一致正互反矩陣。由此可得權重向量的算法：對於第 s 位專家的第 k 個評分方陣 $\boldsymbol{R}_k^s = [r_{ij}^s]$，先求出最大特徵根 λ_{max}^{sk} 對應的特徵向量，再將此特徵向量歸一化，即得第 s 位專家對第 k 個評分方陣所對應指標所賦予的權重向量 $\boldsymbol{W}^{sk} = (w_1^{sk}, \cdots, w_n^{sk})^T$。其中，$n$ 為方陣 $\boldsymbol{R}_k^s$ 的階數，也就是該組評價指標兩兩比較的個數。

已有文獻從數學上給予了嚴格的證明：任意正互反矩陣的最大特徵根 λ_{max}^{sk} 必為正實數，其對應特徵向量的所有分量均為正實數，其餘特徵根的模均嚴格小於 λ_{max}^{sk}。因此，我們得到的歸一化特徵向量必然是恒正且唯一的，可作為權重向量。

5.2.2.3 基於模糊互補矩陣的定權法

一般地，對於 n 階模糊互補矩陣 $\boldsymbol{R} = [r_{ij}]$，若對 $\forall i, j$ 和 k 滿足條件 $r_{ij} = r_{ik} - r_{jk} + 0.5$，則稱方陣 $\boldsymbol{R}$ 為一致模糊互補矩陣。

數學上可以證明，n 階模糊互補矩陣 $\boldsymbol{R} = [r_{ij}]$ 是一致模糊互補矩陣的充分必要條件為：任意指定的行（列）和其餘各行（列）對應元素之差為某一常數，或者，對 $\forall i, j$ 存在 $r > 0$ 和 n 階非負歸一化向量 $\boldsymbol{W} = (w_1, \cdots, w_i, \cdots, w_n)^T$ 使得 $r_{ij} = r(w_i - w_j) + 0.5$。進一步的，對 $\forall i, j$ 可通過反解出 w_i：

$$w_i = \frac{1}{n} - \frac{1}{2r} + \frac{1}{nr}\sum_{j=1}^n r_{ij} \tag{5.2}$$

當 $r \geq \frac{n-1}{2}$ 時，w_i 還滿足

$$|w_i - w_j| \leq \frac{1}{n-1}, \quad |w_i| \leq \frac{2}{n} \tag{5.3}$$

呂躍進（2002）進一步證明了，只有當 $r \geq \frac{n-1}{2}$ 時，才能保證向量 $\boldsymbol{W}$ 具有非負性，並且最大值在隨著 r 增加而減小，從而使得向量 $\boldsymbol{W}$ 的元素之間的差

異變小。由於模糊隸屬度要求權重之間應具有較好的分辨率,通常取 $r = \frac{n-1}{2}$:

$$w_i = \frac{1}{n(n-1)}\left[2\left(\sum_{j=1}^{n} r_{ij}\right) - 1\right] \tag{5.4}$$

由於 $\sum_{i=1}^{n} w_i = 1$,因此,這就是模糊互補矩陣 $\boldsymbol{R}$ 的權重向量。由此,我們可得權重向量的算法:對於第 s 位專家的第 k 個評分方陣 $\boldsymbol{R}_k^s = [r_{ij}^{sk}]$,由 $w_i = \frac{1}{n(n-1)}\left[2\left(\sum_{j=1}^{n} r_{ij}^{sk}\right) - 1\right]$ 可得權重向量 $\boldsymbol{W}^{sk} = (w_1^{sk}, \cdots, w_n^{sk})^T$。

5.2.3 客觀定權法

客觀定權法是指直接根據評價結果來確定各個指標相對權重的方法。根據粗糙集理論,某些指標的加入或刪除會直接影響指標體系的分類,而某些指標則不具有這種影響,這代表了不同指標擁有不同信息量(李遠遠,2009)。因此,我們可利用信息量的不同來求解權重。這是直接來源於評價結果的算法,因此是客觀定權法。

假設評價矩陣 $\boldsymbol{UA} = [x_{ij}]_{n \times m}$ 表示 n 個評論者 $\{u_i: i = 1, 2, \cdots, n\}$ 對 m 個評價指標 $\{a_j: j = 1, 2, \cdots, m\}$ 的評分結果,其中 $x_{ij} \in \{1, 2, 3, \cdots, 9\}$,此矩陣的數據可通過附錄4的調查問卷得到。

記 $\boldsymbol{UA} \setminus a_j$ 表示去除矩陣 $\boldsymbol{UA}$ 的第 j 列後的矩陣,$\widetilde{\boldsymbol{UA} \setminus a_j}$ 表示去除矩陣 $\boldsymbol{UA} \setminus a_j$ 的相同「行」後的矩陣,$r(\boldsymbol{UA} \setminus a_j)$ 表示矩陣 $\widetilde{\boldsymbol{UA} \setminus a_j}$ 的行數,則可將指標 a_j 在指標體系中的重要性定義為

$$\text{Sig}(a_j) = 1 - \left[\frac{r(\boldsymbol{UA} \setminus a_j)}{r(\boldsymbol{UA})}\right]^2 \tag{5.5}$$

其中,當 $a_j = \emptyset$ 為空時,$\boldsymbol{UA} \setminus \emptyset = \boldsymbol{UA}$,即 $r(\boldsymbol{UA} \setminus \emptyset) = r(\boldsymbol{UA})$,$\text{Sig}(\boldsymbol{UA} \setminus \emptyset) = \text{Sig}(\boldsymbol{UA})$。關於上式的一個直觀解釋是:指標 a_j 在指標體系中越重要,那麼刪除指標 a_j 所對應的列後會損失更多的信息,則 $r(\boldsymbol{UA} \setminus a_j)$ 越小於 $r(\boldsymbol{UA})$,$\text{Sig}(a_j)$ 越大。

因此,指標 a_j 在整個評價體系中的權重應為其相對重要性:

$$w_j = \frac{\text{Sig}(a_j)}{\sum_{j=1}^{m} \text{Sig}(a_j)} \tag{5.6}$$

因此，求解三個層次對應的權重向量的一般思路為「按列拆分逐層求」。具體如下：

第 3 層的權重向量求解。根據第 2 層指標 {Y}，我們將矩陣 UA 按列拆分為 15 個小矩陣，記為 Y_1, …, Y_{15}。按照前述方法，我們逐個求解 Y_1, …, Y_{15} 所對應的各指標權重，這樣求出的各權重向量相當於主觀定權法對 R_7~R_{21} 求的權重。

第 2 層的權重向量求解。根據第 1 層指標 {Z}，我們將矩陣 UA 按列拆分為 5 個小矩陣，記為 Z_1, …, Z_5，我們將第 3 層的指標按照第 2 層分別歸類，再按照前述方法，逐個求解 Z_1, …, Z_5 所對應的第 2 層各指標權重，這樣求出的各權重向量相當於主觀定權法對 R_2~R_6 求的權重。

第 1 層的權重向量求解。我們將第 3 層的指標按照第 1 層分別歸類，再按前述方法，逐個求解對應第 1 層的各指標權重，這樣求出的各權重向量相當於主觀定權法對 R_1 求的權重。

5.2.4 綜合評估模型

5.2.4.1 模糊評估模型

根據調查問卷的結果，我們可以得到某一時期的評價矩陣 $UA = [x_{ij}]_{n \times m}$，其中 $x_{ij} \in \{1, 2, 3, …, 9\}$，分別對應的風險評價為由低到高。我們對調查問卷的結果進行整理，可以得出每一個風險評級出現的頻率，從而可構成如下矩陣：

$$AF = [v_{ij}]_{m \times 9} = \begin{bmatrix} v_{1,1} & \cdots & v_{1,9} \\ \vdots & \ddots & \vdots \\ v_{m,1} & \cdots & v_{m,9} \end{bmatrix} \quad (5.7)$$

其中，$v_{ij}(i = 1, …)$ 表示 n 個評價者中給第 i 個風險做出第 j 級評級（一共是 9 級）的頻率，即第 i 個風險因素指標的第 j 層隸屬度。在本書的調查問卷結果中，m = 46，因此整理後的評價矩陣為 $AF = [v_{ij}]_{46 \times 9}$。

根據前述的層次分析法分類，我們可以將 46 個第三層次風險分成 15 組。因此，矩陣 AF 應該按行分塊，拆成 15 個小的矩陣。假定某個小矩陣為如下形式：

$$AF_n = [v_{ij}]_{n \times 9} = \begin{bmatrix} v_{1,1} & \cdots & v_{1,9} \\ \vdots & \ddots & \vdots \\ v_{n,1} & \cdots & v_{n,9} \end{bmatrix} \quad (5.8)$$

式（5.8）中的矩陣 AF_n 的含義為：第 3 層中的某 n 個風險隸屬於某個第 2 層

的風險。設根據前述的定權方法所得到的權重向量為

$$W_n = (w_1, w_2, \cdots, w_n) \tag{5.9}$$

因此，AF_n 矩陣所對應的第 2 層風險的隸屬度向量（第 2 層風險相對於第 1 層風險的評估矩陣的某個行向量）為

$$C_n = W_n \circ AF_n = (w_1, \cdots, w_n) \circ \begin{bmatrix} v_{1,1} & \cdots & v_{1,9} \\ \vdots & \ddots & \vdots \\ v_{n,1} & \cdots & v_{n,9} \end{bmatrix} = (c_1, \cdots, c_9)$$

(5.10)

其中，

$$c_j = \bigvee_{i=1}^{n} [\min(w_i, v_{i,j})], \quad j = 1, 2, \cdots, 9 \tag{5.11}$$

式（5.11）表示，給定一個 j，在 w_i 與 $v_{i,j}$ 的比較中取最小值，然後對每一個 i，在所有的最小值 $\min_i(w_i, v_{i,j})$ 中取最大值①。

接下來，我們對 $C_n = (c_1, \cdots, c_9)$ 進行歸一化調整，可得到第 2 層風險的新的評語矩陣。再重複前面的計算方法，即可求得總體的風險評價狀況，記為 $(\widetilde{C_1}, \cdots, \widetilde{C_9})$。根據「隸屬度最大」原則，$\widetilde{C_m} = \max(\widetilde{C_1}, \cdots, \widetilde{C_9})$ 所對應的等級即整個風險的評級。

5.2.4.2 評分模型

對於每一個評估者，每一個時期的問卷結果本質上就是一個列向量，維度為 46，每一個元素都屬於集合 {1, 2, 3, $\cdots$, 9}。結合每一層次的權重，我們可以通過加權的方法，逐層往前回溯，求得風險總評分。最後，我們再對所有評估者的評估結果取平均，即可得總的風險評分。

5.3 數據獲取與統計描述

5.3.1 調查問卷設計

第二次的問卷調查包含三個調查問卷：①專家評級調查問卷；②高新技術企業風險調查問卷；③金融機構風險容忍度調查問卷。由於高新技術企業在技術創新領域具有代表性，本輪問卷設計時同樣將高新技術企業作為技術創新企

---

① 需要注意的是，模糊定權法中關於權重向量與評價矩陣之間的運算並非矩陣相乘，而是複合。

業風險的問卷調查對象。

三份調查問卷的核心均為層次分析模型，但各自側重點不同：①專家評級調查問卷是為了獲得各個風險元素之間的相對重要程度，從而賦予不同的權重；②高新技術企業風險調查問卷針對技術創新中企業所面對的46個風險因素，從種子期、初創期、成長期、成熟期四個方面予以刻畫，試圖通過企業中高層管理人員處獲得對企業發展過程中的風險因素的衡量；③金融機構風險容忍度調查問卷的填寫對象為銀行從業人員、風險投資/私募股權機構從業人員，同樣是針對此46個風險因素，但獲取的數據為風險的容忍度。

5.3.2 數據統計描述

5.3.2.1 高新技術企業風險調查問卷統計分析

高新技術企業風險調查問卷的受訪者為企業中高層管理人員且從業時間在3年以上。本次問卷共回收125份，刪除不完整問卷後的有效問卷有121份。筆者通過甄別答卷的IP地址數發現，問卷來自全國13個不同的省、市、自治區，其中排名前三的為北京（21.49%）、廣東（10.74%）、上海（9.92%）。如圖5.1所示，受訪者分屬於23個不同行業，以IT（互聯網技術）/軟硬件服務/電子商務/因特網營運（44%）、制藥/生物工程/醫療設備/器械（24%）居多，符合高新技術企業的行業特徵。

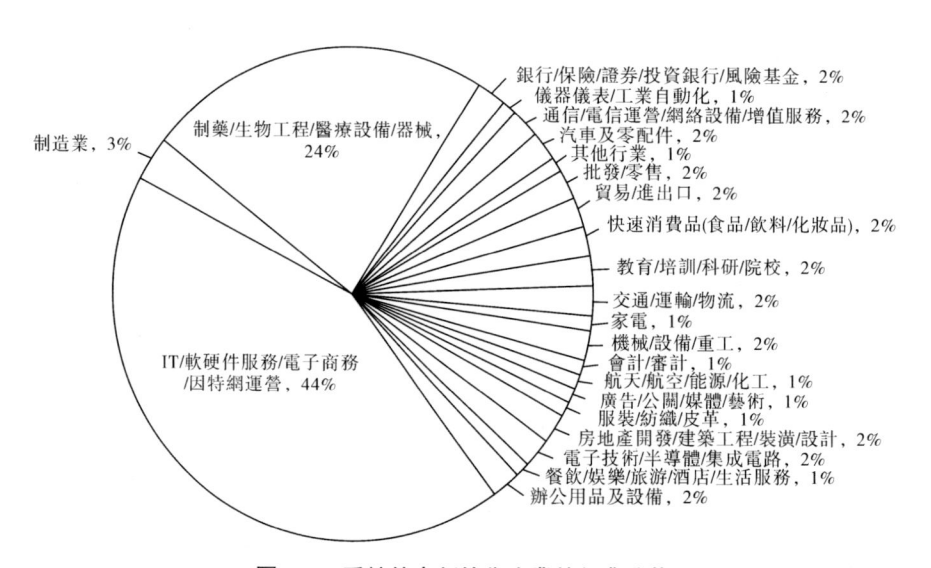

圖5.1　受訪的高新技術企業的行業分佈

我們按照1~9分對風險度由低到高賦予分值，並根據附表1的相關數據，得到表5.6。橫向來看，不論是何種風險，在企業的發展過程中都呈現出遞減的趨勢，即隨著企業的發展，其所面臨的風險在逐漸變小。隨著高新技術企業的發展，管理風險一直是最重要的風險，而環境風險一直都是最不重要的風險。此外，財務風險在企業發展過程中所處的位置越來越不重要，可能的解釋是：企業發展壯大後，財務危機逐漸解除，企業進入良性運作階段，財務風險的相對地位就降低了。

表5.6　高新技術企業的風險狀況

風險類別	種子期 分值/分	名次/名	初創期 分值/分	名次/名	成長期 分值/分	名次/名	成熟期 分值/分	名次/名
環境風險	5.76	5	5.69	5	5.25	5	4.81	4
市場風險	6.04	2	5.74	4	5.40	2	4.99	2
技術風險	6.03	4	5.79	3	5.35	4	4.99	2
管理風險	**6.39**	**1**	**6.01**	**1**	**5.65**	**1**	**5.30**	**1**
財務風險	6.04	2	5.82	2	5.38	3	4.89	4
列平均	6.05	—	5.81	—	5.41	—	5.00	—

註：加粗的是最大的風險源。

5.3.2.2　金融機構風險容忍度調查問卷統計分析

金融機構風險容忍度調查問卷共回收了91份有效問卷，其中受訪者為銀行從業人員的有44份（48.35%），受訪者為風險投資/私募基金從業人員的有40份（43.96%），受訪者為其他金融機構從業者的有7份（7.69%）。由於本章的研究重點是銀行、風險投資/私募基金，因此在後續的數據分析中，筆者對其他金融從業者的數據都做了刪除處理。

我們按照1~9分對風險容忍度由低到高賦予分值，並根據附表2的相關數據得到表5.7。橫向來看，不論是針對每一個單一的風險因素，還是看整體的風險平均數值，銀行的風險容忍度均低於風險投資/私募基金的風險容忍度，即相對於風險投資/私募基金而言，銀行的風險厭惡程度更高，更不願意承擔風險。縱向來看，兩者各自認為最為嚴重的風險因素並不一致。在銀行看來，最不能容忍的是財務風險，然後是環境風險，企業的技術創新與管理能力並非

其關注的重點。在風險投資/私募基金看來，最擔心的則是企業的技術風險和財務風險，相對而言，市場風險和環境風險則不是它們關注的重點。

表 5.7　金融機構風的險容忍度

風險類別	銀行 分值/分	銀行 名次/名	風險投資/私募基金 分值/分	風險投資/私募基金 名次/名
環境風險	5.183	2	5.428,030	2
市場風險	4.457	3	5.376,033	1
技術風險	3.975	4	**5.072,443**	**5**
管理風險	5.293	1	5.240,260	3
財務風險	**3.592**	**5**	5.162,879	4
列平均	4.50	—	5.255,929	—

註：加粗的是最不能容忍的風險源。

這種直觀的描述性統計大致已經反應出了銀行與風險投資/私募基金在風險偏好與風險認識上的不同：銀行更加關注的是企業的盈利能力（財務風險），風險投資/私募基金更加關注的是企業的技術創新水準（技術水準），更看重企業未來可能帶來的現金流和盈利。

5.4　技術創新風險與金融機構風險容忍度的評估與匹配

5.4.1　評價指標的權重確定

根據專家評級調查問卷表，我們利用正互反矩陣求得各指標的權重（見表5.8）。

根據計算結果，在第1層的風險因素中，環境風險 Z_1 的權重最大，管理風險 Z_4 的權重最小；在第2層的風險因素中，經濟環境風險 Y_1、市場需求風險 Y_4、技術人員風險 Y_6、組織風險 Y_{11}、資金營運風險 Y_{15} 的權重較大；在第3層的風險因素中，利率匯率風險 X_2、國家對高新產業的規劃風險 X_6、競爭對手數量 X_7、競爭對手實力 X_8、消費者對競爭對手產品的依賴度 X_{12}、企業信譽與知名度 X_{13}、技術人才流失 X_{19}、技術先進度 X_{22}、生產資源供應 X_{25}、

表 5.8 用正互反矩陣得到的權重值

第1層指標權重值	第2層指標權重值	第3層指標權重值
$Z_1 \sim Z_5$: (0.331, 0.160, 0.284, 0.099, 0.125)	$Y_1 \sim Y_2$: (0.542, 0.458)	$X_1 \sim X_4$: (0.216, 0.401, 0.156, 0.223)
		$X_5 \sim X_6$: (0.383, 0.617)
	$Y_3 \sim Y_5$: (0.276, 0.523, 0.201)	$X_7 \sim X_{10}$: (0.318, 0.306, 0.224, 0.152)
		$X_{11} \sim X_{12}$: (0.383, 0.617)
		$X_{13} \sim X_{17}$: (0.430, 0.175, 0.222, 0.065, 0.108)
	$Y_6 \sim Y_9$: (0.540, 0.129, 0.267, 0.064)	$X_{18} \sim X_{19}$: (0.417, 0.583)
		$X_{20} \sim X_{24}$: (0.225, 0.168, 0.322, 0.194, 0.091)
		$X_{25} \sim X_{28}$: (0.497, 0.278, 0.140, 0.085)
		$X_{29} \sim X_{33}$: (0.221, 0.276, 0.104, 0.275, 0.124)
	$Y_{10} \sim Y_{12}$: (0.208, 0.609, 0.183)	$X_{34} \sim X_{36}$: (0.487, 0.283, 0.230)
		$X_{37} \sim X_{38}$: (0.833, 0.167)
		$X_{39} \sim X_{40}$: (0.417, 0.583)
	$Y_{13} \sim Y_{15}$: (0.200, 0.369, 0.431)	X_{41}: (1)
		$X_{42} \sim X_{44}$: (0.353, 0.506, 0.141)
		$X_{45} \sim X_{46}$: (0.258, 0.742)

產品對企業現有產品替代性 X_{30}、決策者知識水準 X_{34}、內外部信息傳遞效率 X_{37}、公關危機處理能力 X_{40}、獲得長期借款能力 X_{43}、盈利能力 X_{46} 的權重較大。綜上，專家認為，在技術創新企業中，技術創新這一風險本身其實就是最大的風險源。在財務方面，企業能否獲得長期借款的風險居首位，這決定了金融是否與技術創新相匹配。

同理，我們再根據專家評級調查問卷表，利用模糊互補矩陣也可求出相應的權重值（見表5.9）。我們通過簡單的因素對比可以明顯看出，三個風險因素之間的權重與前面方法求得的權重排序是一致的，只是數值的大小有所不同。但是在兩個因素的對比中，有個別排序不一致，比如 $Y_1 \sim Y_2$。其原因是：模糊互補矩陣的權重確定是為了保證較大的分辨率，使得權重之間差距盡可能大，在取專家評分權重的平均值時，比較極端的個別評分權重就可能改變平均後的權重。

表 5.9　用模糊互補矩陣得到的權重值

第 1 層指標權重值	第 2 層指標權重值	第 3 層指標權重值	
$Z_1 \sim Z_5$: (0.235, 0.168, 0.235, 0.16, 0.203)	$Y_1 \sim Y_2$: (0.425, 0.575)	$X_1 \sim X_4$: (0.200, 0.274, 0.238, 0.288)	
		$X_5 \sim X_6$: (0.375, 0.625)	
	$Y_3 \sim Y_5$: (0.275, 0.383, 0.342)	$X_7 \sim X_{10}$: (0.246, 0.250, 0.254, 0.250)	
		$X_{11} \sim X_{12}$: (0.350, 0.650)	
		$X_{13} \sim X_{17}$: (0.248, 0.192, 0.230, 0.138, 0.192)	
	$Y_6 \sim Y_9$: (0.342, 0.208, 0.279, 0.171)	$X_{18} \sim X_{19}$: (0.425, 0.575)	
		$X_{20} \sim X_{24}$: (0.202, 0.188, 0.238, 0.210, 0.162)	
		$X_{25} \sim X_{28}$: (0.300, 0.279, 0.242, 0.179)	
		$X_{29} \sim X_{33}$: (0.192, 0.228, 0.163, 0.227, 0.190)	
	$Y_{10} \sim Y_{12}$: (0.267, 0.400, 0.333)	$X_{34} \sim X_{36}$: (0.392, 0.267, 0.342)	
		$X_{37} \sim X_{38}$: (0.700, 0.300)	
		$X_{39} \sim X_{40}$: (0.400, 0.600)	
	$Y_{13} \sim Y_{15}$: (0.250, 0.358, 0.392)	X_{41}: (1)	
		$X_{42} \sim X_{44}$: (0.300, 0.425, 0.275)	
		$X_{45} \sim X_{46}$: (0.300, 0.700)	

由於專家打分與被調研對象之間可能會存在一定的不一致性，為了使得加權的結果更加合理，我們採用粗糙集方法，直接通過受訪者的評分問卷獲得較為客觀的權重（見表 5.10）。我們在利用粗糙集方法求權重時，將高新技術企業發展的四個時期與銀行、風險投資/私募基金部分的問卷合併成一份大的問卷，樣本數量為 205。受樣本數量的限制，我們用粗糙集求得的權重僅限於第 3 層的風險因素，其餘層次的求解結果是等權重。由表 5.10 也可看出，粗糙集利用樣本自身的信息求得的權重幾乎是等權重的，相差並不大。

表 5.10　用粗糙集方法得到的權重值

第1層指標	第2層指標	第3層指標	權重值
$Z_1 \sim Z_5$	$Y_1 \sim Y_2$	$X_1 \sim X_4$	(0.25,0.254,0.243,0.253)
		$X_5 \sim X_6$	(0.5,0.5)
	$Y_3 \sim Y_5$	$X_7 \sim X_{10}$	(0.238,0.251,0.254,0.257)
		$X_{11} \sim X_{12}$	(0.5,0.5)
		$X_{13} \sim X_{17}$	(0.21,0.184,0.206,0.205,0.196)
	$Y_6 \sim Y_9$	$X_{18} \sim X_{19}$	(0.5,0.5)
		$X_{20} \sim X_{24}$	(0.233,0.179,0.196,0.196,0.196)
		$X_{25} \sim X_{28}$	(0.244,0.244,0.258,0.255)
		$X_{29} \sim X_{33}$	(0.205,0.211,0.187,0.191,0.205)
	$Y_{10} \sim Y_{12}$	$X_{34} \sim X_{36}$	(0.337,0.333,0.329)
		$X_{37} \sim X_{38}$	(0.5,0.5)
		$X_{39} \sim X_{40}$	(0.5,0.5)
	$Y_{13} \sim Y_{15}$	X_{41}	(1)
		$X_{42} \sim X_{44}$	(0.333,0.334,0.333)
		$X_{45} \sim X_{46}$	(0.5,0.5)

綜上，本書採用主觀定權與客觀定權相結合的辦法。就第1層和第2層的權重而言，我們以正互反矩陣定權法與模糊互補矩陣定權法的平均值作為最終的權重；對於第3層的風險權重，我們以40%的正互反矩陣定權法所求權重值、40%的模糊互補矩陣定權法所求權重值和20%的粗糙集定權法所求權重值作為最終的權重。綜合權重值見表5.11。

表 5.11　綜合權重值

第 1 層指標權重值	第 2 層指標權重值	第 3 層指標權重值
$Z_1 \sim Z_5$: (0.283, 0.164, 0.260, 0.130, 0.164)	$Y_1 \sim Y_2$: (0.483, 0.517)	$X_1 \sim X_4$: (0.216, 0.321, 0.206, 0.257) $X_5 \sim X_6$: (0.403, 0.597)
	$Y_3 \sim Y_5$: (0.275, 0.453, 0.272)	$X_7 \sim X_{10}$: (0.273, 0.273, 0.242, 0.212) $X_{11} \sim X_{12}$: (0.393, 0.607) $X_{13} \sim X_{17}$: (0.313, 0.184, 0.222, 0.122, 0.159)
	$Y_6 \sim Y_9$: (0.441, 0.168, 0.273, 0.118)	$X_{18} \sim X_{19}$: (0.437, 0.563) $X_{20} \sim X_{24}$: (0.218, 0.178, 0.263, 0.201, 0.14) $X_{25} \sim X_{28}$: (0.368, 0.272, 0.204, 0.157) $X_{29} \sim X_{33}$: (0.206, 0.244, 0.144, 0.239, 0.167)
	$Y_{10} \sim Y_{12}$: (0.237, 0.504, 0.258)	$X_{34} \sim X_{36}$: (0.419, 0.287, 0.295) $X_{37} \sim X_{38}$: (0.713, 0.287) $X_{39} \sim X_{40}$: (0.427, 0.573)
	$Y_{13} \sim Y_{15}$: (0.225, 0.364, 0.411)	X_{41}: (1) $X_{42} \sim X_{44}$: (0.328, 0.44, 0.233) $X_{45} \sim X_{46}$: (0.323, 0.677)

5.4.2　基於層次分析法的評級模型

我們按照風險程度由低到高的 9 級量表計算出各風險等級所對應的頻率，並運用層次分析法，按照前述模型計算出第一層次的各個風險等級數據（見表 5.12）。根據最大隸屬度原則，我們在表中以加粗加下劃線的形式列出，並給出最終的風險評級。

表 5.12　基於層次分析法的風險（風險容忍度）評級

評級結果	頻率
高新技術企業種子期評級：7(高)	Z_1: (0.029, 0.044, 0.056, 0.137, 0.168, **0.209**, 0.162, 0.137, 0.058) Z_2: (0.018, 0.036, 0.041, 0.088, 0.199, **0.241**, 0.183, 0.124, 0.071) Z_3: (0.033, 0.047, 0.110, 0.101, 0.144, **0.169**, 0.145, 0.160, 0.091) Z_4: (0.007, 0.035, 0.048, 0.083, 0.162, 0.157, 0.168, **0.238**, 0.102) Z_5: (0.019, 0.050, 0.070, 0.102, 0.127, 0.191, 0.176, **0.194**, 0.071)

表5.12(續)

評級結果	頻率
高新技術企業初創期評級: 6(較高)	Z_1: (0.013, 0.027, 0.076, 0.116, **0.228**, 0.204, 0.190, 0.109, 0.038) Z_2: (0.018, 0.036, 0.066, 0.138, 0.182, **0.232**, 0.175, 0.105, 0.048) Z_3: (0.018, 0.042, 0.067, 0.132, 0.179, **0.204**, 0.192, 0.128, 0.037) Z_4: (0.020, 0.032, 0.046, 0.106, 0.186, 0.193, **0.206**, 0.165, 0.046) Z_5: (0.014, 0.034, 0.041, 0.142, 0.196, **0.205**, 0.196, 0.130, 0.045)
高新技術企業成長期評級: 6(較高)	Z_1: (0.028, 0.042, 0.090, 0.180, 0.180, **0.235**, 0.141, 0.055, 0.048) Z_2: (0.020, 0.046, 0.087, 0.150, **0.218**, 0.212, 0.141, 0.090, 0.035) Z_3: (0.025, 0.044, 0.094, 0.146, **0.228**, 0.190, 0.135, 0.082, 0.055) Z_4: (0.018, 0.036, 0.065, 0.150, 0.197, **0.236**, 0.163, 0.098, 0.036) Z_5: (0.021, 0.051, 0.058, 0.171, 0.203, **0.229**, 0.121, 0.107, 0.038)
高新技術企業成熟期評級: 5(一般)	Z_1: (0.032, 0.101, 0.134, 0.128, **0.198**, 0.176, 0.101, 0.076, 0.054) Z_2: (0.048, 0.069, 0.132, 0.139, 0.202, **0.205**, 0.101, 0.063, 0.040) Z_3: (0.030, 0.097, 0.110, 0.141, **0.194**, 0.193, 0.113, 0.084, 0.039) Z_4: (0.024, 0.048, 0.088, 0.181, **0.222**, 0.215, 0.099, 0.076, 0.047) Z_5: (0.035, 0.069, 0.152, 0.165, **0.185**, 0.148, 0.124, 0.087, 0.034)
銀行評級: 4(較低)	Z_1: (0.000, 0.011, 0.095, 0.206, **0.281**, 0.148, 0.118, 0.118, 0.023) Z_2: (0.000, 0.074, 0.194, 0.198, **0.235**, 0.153, 0.117, 0.029, 0.000) Z_3: (0.088, 0.088, 0.165, **0.213**, 0.080, 0.127, 0.142, 0.088, 0.010) Z_4: (0.000, 0.019, 0.037, 0.194, 0.210, **0.257**, 0.204, 0.063, 0.016) Z_5: (0.032, 0.204, **0.293**, 0.259, 0.160, 0.035, 0.018, 0.000, 0.000)
風險投資/私募基金評級: 5(一般)	Z_1: (0.016, 0.049, 0.131, 0.147, **0.214**, 0.197, 0.114, 0.082, 0.049) Z_2: (0.015, 0.057, 0.071, 0.154, **0.246**, 0.184, 0.115, 0.100, 0.059) Z_3: (0.034, 0.082, 0.131, 0.129, **0.234**, 0.178, 0.129, 0.066, 0.017) Z_4: (0.034, 0.034, 0.086, 0.185, **0.226**, 0.214, 0.086, 0.101, 0.034) Z_5: (0.014, 0.145, 0.147, 0.130, **0.172**, 0.129, 0.129, 0.078, 0.055)

就高新技術企業四個發展階段的調查問卷結果來看，進行加權和層次分析法計算後的風險等級依次為高（7）→較高（6）→較高（6）→一般（5），與前面的統計性描述結果基本一致，即隨著高新技術企業不斷發展，其面臨的風險因素逐漸減少。

在高新技術企業的種子期，管理風險 Z_4 和財務風險 Z_5 處於相當高的風險水準。由此可見良好的創新管理團隊在高新技術企業中具有舉足輕重的地位，而財務風險也在發展初期成為企業最大的風險源頭，這就要求金融機構在財務上具有較高的容忍度，支持高新技術企業進行技術創新，在財務融資方面提供支持。

在高新技術企業的初創期，管理風險 Z_4 依然是最高的，但環境風險 Z_1 的等級降至「一般」，財務風險 Z_5 也降至與市場風險 Z_2、技術風險 Z_3 一樣的水準——「較高」。

在高新技術企業的成長期，市場風險 Z_2、技術風險 Z_3 進一步下降，可能的原因在於企業通過技術創新逐步取得了市場份額。而這時的環境風險 Z_1 則又變成強風險，經濟與政治的環境因素對一個高速發展的企業而言，具有重要的影響力。比較容易理解的是，處於成長期的企業往往有上市融資的需求，而經濟環境和政治環境影響了上市融資的難易程度。

在高新技術企業的成熟期，除了市場風險 Z_2 為「較高」等級外，其餘風險均降級為「一般」。對於成熟期的企業而言，它們最害怕的就是瞬息萬變的市場，因為這更可能讓一個大企業轟然間倒塌，即使它們仍然在不停地進行技術創新，柯達、摩托羅拉、諾基亞就是典型的例子。

從金融機構的問卷結果來看，風險投資/私募基金的風險容忍度評級為「一般」，銀行的風險容忍度評級為「較低」，這反應出金融機構在面對風險時表現為風險厭惡者。

具體而言，就銀行的調查問卷結果來看，銀行最不能忍受的是財務風險 Z_5，這與第一次調查問卷時發現的「銀行最關注的是抵押擔保和財務指標」相一致。此外，銀行對企業管理風險 Z_4 的容忍度較高，因為銀行一般發放的是一年左右的短期貸款，即使是三年以上的長期貸款，一般也只貸給大型央企或大型國企，這種企業在管理上一般具有一致性，不太可能因為管理層的改變就大幅改變以前的管理制度。

就風險投資/私募基金的調查問卷結果來看，第 1 層的所有風險評級均為

「一般」。相對於銀行而言，風險投資/私募基金對企業的各個方面都會進行細緻的考量，一般不會避重就輕，更不會因為財務指標不合格就一票否決投資計劃。

綜上所述，我們通過層次分析法獲得的技術創新風險與金融機構風險容忍度的評級可用圖5.2表示。

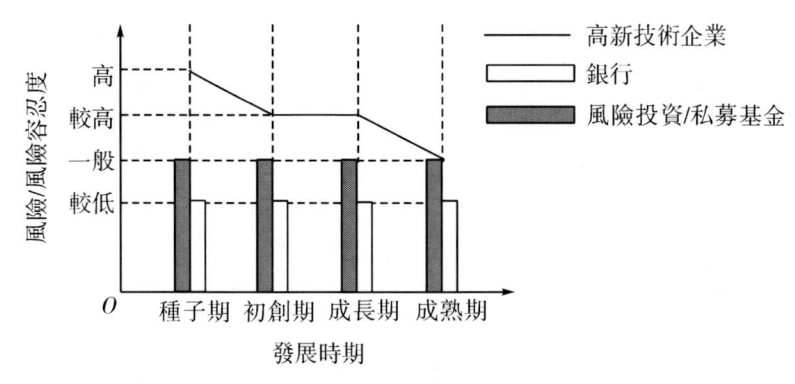

圖5.2 技術創新風險與金融機構風險容忍度的評級

5.4.3 綜合評分模型

我們用1~9分分別表示風險（風險容忍度）的高低（數值越大表示越高），利用前面求得的綜合權重值，從第3層到第1層，逐層對上述分數進行加權，從而得到每一位受訪者的綜合評分值，最後再對所有受訪者的評價結果取平均值，從而得到表5.13中的數據。

表5.13 技術創新風險與金融機構風險容忍度的評分　　　　單位：分

高新技術企業				銀行	風險投資/私募基金
種子期	初創期	成長期	成熟期		
5.965	5.757	5.376	4.970	4.580	5.257

從表5.13我們可以發現，與前面使用層次分析法得到的結論基本一致，只是這裡不是定性的等級，而是風險評價或風險容忍度評價的分數，分數越高，表示風險（風險容忍度）越高。四個時期技術創新風險與金融機構風險容忍度的評分見圖5.3。

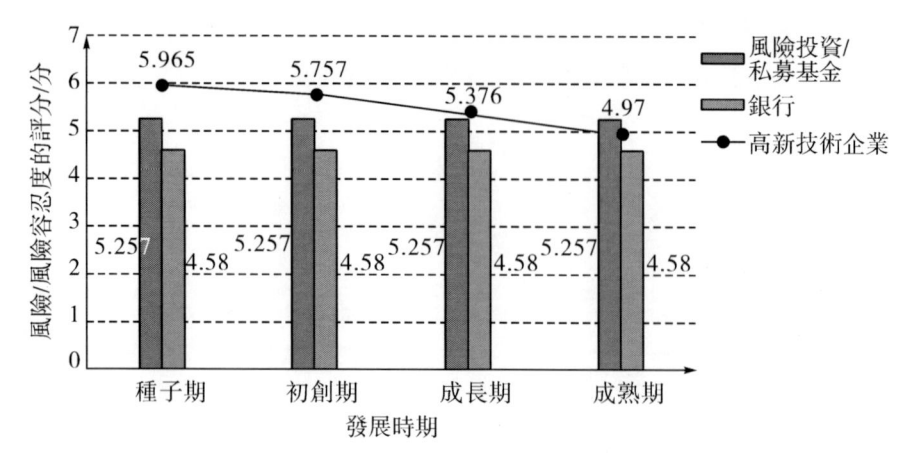

圖 5.3　四個時期技術創新風險與金融機構風險容忍度的評分

5.4.4　技術創新風險與金融機構風險容忍度的結構化差異

以第 3 層指標為依據，我們對高新技術企業風險調查問卷和金融機構風險容忍度調查問卷進行評分統計，並將結果整理歸納（見表 5.14）。在表 5.14 中，以「下劃線」和「加粗」表示的是在各列中數值排在前 20 的項。對於高新技術企業而言，這些項為企業發展過程中風險程度高的風險因素，是需要著重考慮的風險因素。對於金融機構而言，這些項是金融機構在所列的風險因素中容忍度最高的風險因素。

由於銀行的各風險因素打分的分散程度較高，風險投資/私募基金的打分相對較為集中，因此各風險因素之間不具有橫向的可比性，只具有縱向的可比性。因此我們只從縱向進行排序，尋找出排名前 20 的風險因素。

在高新技術企業發展的各階段中，管理風險 Z_4 被視為最大的風險因素。從表 5.14 可以看出，在對管理風險 Z_4 的容忍度上，銀行比風險投資/私募基金稍微高一點，但兩者並沒有顯著差距。由此可見，傳統的金融機構在面臨管理風險 Z_4 時更有經驗，更善於處理和應對。

但是，在對財務風險 Z_5 的容忍度上，銀行幾乎是零容忍，必須要求企業的財務狀況良好，而風險投資/私募基金能在一定程度上容忍企業的財務風險。這正好說明了處於種子期或初創期的企業從銀行貸款難的問題。定性風險匹配模型不能解釋高新技術企業在企業發展的各階段有融資優先次序，而結構風險匹配模型能很好地解釋技術創新的金融支持主體為風險投資/私募基金，原因在於風險投資/私募基金對財務風險的容忍度較高。

從表 5.14 可以看出，一方面，環境風險 Z_1 在高新技術企業發展的各階段都不是最重要的風險因素；另一方面，風險投資/私募基金在環境風險 Z_1 上的容忍程度較高，而銀行的容忍程度較低。

兩種典型的金融機構對市場風險 Z_2 和技術風險 Z_3 的容忍度明顯不同：銀行對技術風險 Z_3 的風險容忍度顯著高於風險投資/私募基金，但是風險投資/私募基金對市場風險 Z_2 的風險容忍度更高。就技術風險 Z_3 而言，一方面，銀行對技術創新的風險並不看重，而另一方面，風險投資/私募基金更關注企業的技術創新本身的風險，不可靠的技術創新不會得到風險投資/私募基金的青睞。從這方面來說，風險投資/私募基金很可能對技術創新具有更好的篩選能力。就市場風險 Z_2 來看，銀行更擔心市場的潛在因素對技術創新造成的破壞，而風險投資/私募基金對此表現出不是很擔心，一個可能的解釋是，風險投資/私募基金對自己篩選出的技術創新項目的市場前景持樂觀態度，或者可以更好把控市場前景。

表 5.14　技術創新風險與金融機構風險容忍度的結構化差異　　單位：分

指標			高新技術企業				銀行	風險投資/私募基金
			種子期	初創期	成長期	成熟期		
Z_1	Y_1	X_1	5.793	**5.876**	5.157	4.769	4.225	**5.409**
		X_2	5.57	5.455	5.223	4.587	**6.5**	**5.5**
		X_3	5.868	5.702	5.306	4.826	3.5	**5.364**
		X_4	5.645	5.636	5.174	4.694	**6.95**	**5.614**
	Y_2	X_5	5.744	5.769	**5.388**	4.876	**4.55**	5.136
		X_6	5.975	5.694	5.24	**5.099**	**5.375**	**5.545**
Z_2	Y_3	X_7	6.033	5.793	**5.744**	4.983	3.875	**5.568**
		X_8	6.074	5.636	**5.744**	**5.24**	3.875	**5.614**
		X_9	5.736	5.57	5.306	4.967	**5.125**	**5.364**
		X_{10}	5.884	5.512	5.149	4.81	**5.3**	**5.273**
	Y_4	X_{11}	**6.223**	**5.901**	**5.479**	**5.14**	3.1	5.25
		X_{12}	5.554	5.512	5.264	4.76	**4.75**	5.25

表5.14(續)

指標			高新技術企業				銀行	風險投資/私募基金
			種子期	初創期	成長期	成熟期		
Z_2	Y_5	X_{13}	**6.256**	**6.041**	5.033	4.62	3.875	**5.705**
		X_{14}	6.116	**5.975**	**5.57**	**5.339**	**5.425**	**5.409**
		X_{15}	5.942	5.62	5.347	**5.033**	**5.875**	**5.477**
		X_{16}	**6.413**	**5.835**	**5.496**	**5.157**	3.425	5.136
		X_{17}	**6.19**	5.719	5.215	4.835	4.4	5.091
	Y_6	X_{18}	**6.438**	**6.008**	**5.851**	**5.107**	3.275	5
		X_{19}	5.116	5.38	5.132	4.959	4.025	5.045
Z_3	Y_7	X_{20}	5.678	5.785	**5.793**	**5.19**	3.65	4.932
		X_{21}	6.157	5.826	5.231	4.876	3.7	5.136
		X_{22}	**6.174**	**5.893**	5.347	**5.19**	2.175	4.932
		X_{23}	**6.405**	5.81	5.298	**5.091**	3.275	5.091
		X_{24}	6.091	**5.835**	5.248	4.909	**5.025**	5.227
	Y_8	X_{25}	**6.215**	5.694	5.256	4.959	**6.275**	5.159
		X_{26}	**6.174**	**6.017**	**5.463**	**5.033**	**6.55**	5.136
		X_{27}	**6.198**	5.81	**5.413**	**5.025**	**5.375**	5.159
		X_{28}	5.851	5.694	5.322	5.008	**4.925**	5.182
	Y_9	X_{29}	**6.223**	**6**	5.364	5.008	3.825	4.955
		X_{30}	5.942	5.711	5.017	4.793	4.325	5.114
		X_{31}	6.033	5.826	5.306	4.959	2	5.114
		X_{32}	6.099	**5.835**	5.264	4.884	2.225	4.886
		X_{33}	5.719	5.504	5.256	4.785	2.975	5.091
Z_4	Y_{10}	X_{34}	**6.702**	**6.331**	**5.901**	**5.372**	**4.775**	**5.318**
		X_{35}	**6.339**	**6.124**	**5.785**	**5.521**	**5.175**	5.205
		X_{36}	**6.273**	**5.959**	**5.719**	**5.595**	4.2	4.955
	Y_{11}	X_{37}	**6.364**	5.76	**5.488**	**5.182**	**5.8**	**5.295**
		X_{38}	**6.256**	**6**	**5.719**	**5.347**	**5.125**	**5.364**
	Y_{12}	X_{39}	**6.347**	**5.909**	**5.512**	**5.223**	**6.3**	**5.273**
		X_{40}	**6.446**	**6.017**	**5.413**	4.876	**5.675**	**5.273**

表5.14(續)

指標			高新技術企業				銀行	風險投資/私募基金
			種子期	初創期	成長期	成熟期		
Z_5	Y_{13}	X_{41}	**<u>6.314</u>**	**<u>6.174</u>**	**<u>5.529</u>**	4.686	4.05	**<u>5.318</u>**
	Y_{14}	X_{42}	6.008	5.793	5.281	5	3.85	5.136
		X_{43}	6.157	**<u>5.975</u>**	5.124	4.727	3.95	**<u>5.386</u>**
		X_{44}	**<u>6.19</u>**	**<u>5.876</u>**	5.372	4.777	4.075	**<u>5.364</u>**
	Y_{15}	X_{45}	5.86	5.653	**<u>5.57</u>**	**<u>5.041</u>**	2.725	4.773
		X_{46}	5.719	5.471	**<u>5.405</u>**	**<u>5.124</u>**	2.9	5

註：表中以「下劃線」和「加粗」表示的是在各列中數值排在前20的項。

5.4.5 政策含義

不論是從基於層次分析法所得到的評級模型，還是從基於指標權重所得到的綜合評分模型，我們都可以得到以下三個結論：

（1）隨著高新技術企業的發展，其技術創新風險將逐漸減小；

（2）股權型金融機構（以風險投資/私募基金為代表）的風險容忍度比債權型金融機構（以銀行為代表）的風險容忍度高；

（3）以統一的衡量標尺來看，不同階段的技術創新風險均不低於兩種典型金融機構的風險容忍度，這點充分反應了技術創新的高風險性與金融機構的風險厭惡之間的矛盾。

我們可以從上述事實推斷，在高新技術企業發展的不同階段提供融資支持的金融機構是不同的：在種子期提供融資支持的金融機構風險容忍度最高，在成熟期提供融資支持的金融機構風險容忍度最低。這種風險匹配關係表明了技術創新在其發展的不同階段存在最優融資次序：股權型金融機構（以風險投資/私募基金為代表）先於債權型金融機構（以銀行為代表）。這與現實經濟社會中所觀察到的現象是一致的。

綜合上述分析，我們在評級模型的基礎上可得到圖5.4。在圖5.4中，陰影區域A表示風險投資/私募基金的風險容忍度低於技術創新風險，陰影區域A+B表示銀行的風險容忍度低於技術創新風險。

在統一的衡量標尺下，如果金融體系能夠支持技術創新，從風險匹配視角來看，技術創新的風險必須在金融機構的風險容忍度之下。但從圖5.5來看，事實正好相反。因此，陰影區域A和陰影區域B合起來可以理解為政策制度

空間，表示必須通過合理的政策制度設計，來引導金融機構與技術創新在風險匹配上相適應。這同時也給出了政策制度設計的思路：①降低技術創新的風險；②提高金融機構的風險容忍度。

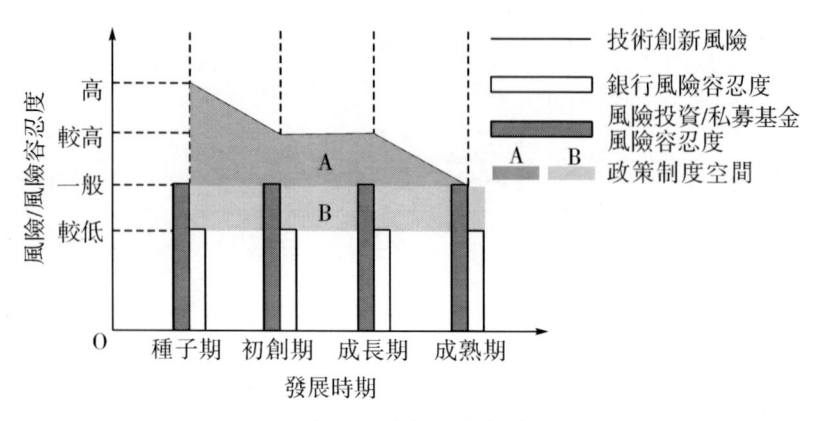

圖 5.4　政策制度空間

5.1　本章小結

在本章構建風險匹配模型時，筆者改進了應用模糊互補矩陣和正互反矩陣求解權重的調查問卷，從而避免了可能出現的不一致問題。該模型從風險匹配角度說明了技術創新風險在總體上高於金融機構的風險容忍度，兩者之間存在結構上的不匹配。這要求設計合理的政策制度來引導兩者相匹配，可能的思路有：降低技術創新風險，提高金融機構風險容忍度。

從技術創新風險與金融機構風險容忍度的匹配結果來看，高新技術企業的不同發展階段理應由不同的金融機構予以支持，即存在最優的融資次序：以風險投資和私募基金為代表的股權類投資機構可能更適宜高新技術企業的初期發展需要，而到了其發展的中後期則更應選擇以銀行為代表的債務類融資機構。從金融實踐中也能觀察到：在高新技術企業的種子期，往往由天使投資等金融機構提供金融服務；在企業初創期，私募基金或風險投資等金融機構以股權融資的模式幫助企業擴大規模，同時幫助企業分散風險、獲取信息、完善公司治理；待企業到了成長期，則應該通過多層次資本市場獲取金融服務；在企業成熟期時，發達的銀行體系可繼續為其發展提供大量資金。因此，技術創新要求金融體系應該是完善且發達的，應該與之相適應。

6 技術創新的金融支持政策實踐與建議

我們基於調查問卷數據所得到的實證結果表明：技術創新的風險與金融機構的風險容忍度之間並不匹配，存在的缺口正是政策制度的作用空間。在前文調研、理論建模、實證分析的基礎上，我們有針對性地提出政策建議。

6.1 技術創新的金融政策實踐

在實踐中，技術創新的金融支持既有政府對創新活動實施的相關政策，又有各類針對創新活動的制度安排。從政府公共政策角度來說，對技術創新進行金融支持能夠解放生產力，通過大量的體制機制創新，解除供給側的約束，加速創新驅動型經濟的發展。為推進金融對技術創新的支持，相關部門開展了大量促進科技金融發展的工作。這些工作隨著中國科技與經濟的發展而展開，不斷豐富。各項政策為金融支持技術創新提供了重要的實踐基礎。金融支持技術創新的實踐也形成了各種制度安排，包括系列產品、服務模式、新型業態。系列產品指的是運用金融要素創造出有利於科技進步與創新的產品，主要包括三類：一是創新財政支持方式從而創造出的新產品，例如財政引導基金等；二是傳統金融引入政府信用從而創造出的新產品，例如銀行風險補償、政策性貸款等；三是為適應創新經濟形態誕生的創新金融產品，例如創業投資、眾籌融資等。服務模式是指促進科技創新要素和金融創新要素匯聚、整合的實體服務平臺或虛擬服務網絡。新型業態具體是指能夠適應創新驅動型經濟而非傳統經濟的全新的科技服務業態。它是通過不斷擴展的、不斷深化的、不斷累積的科技金融活動逐步形成的。

中國金融支持技術創新的實踐大致可以分為六個階段（趙昌文 等，2009）。第一個階段是 1978—1985 年，為行政供給制下的財政撥款階段；第二個階段是 1985—1988 年，開始有科技貸款介入；第三個階段是 1988—1993 年，開始逐步引入技術創新金融支持的市場機制；第四個階段是 1993—1999 年，風險投資開始逐步介入；第五個階段是 1999—2006 年，資本市場開始在技術創新的金融支持中發揮作用；第六個階段是 2006 年至今，是一個全面深化與融合的階段。

6.1.1　技術創新的金融支持的政策梳理

改革開放以來，金融對技術創新活動的重要支持作用被逐漸認識，政府各部門也出抬了大量促進技術創新的金融政策。2006 年對於技術創新金融支持的發展是重要的一年。在這一年，各種科技金融政策出抬，故下文主要總結歸納第六個發展階段的各項政策（見表 6.1）。

表 6.1　2006 年以來技術創新的金融支持的政策總結

類型	頒布時間	名稱	頒布部門
綜合	2006 年	《國家中長期科學和技術發展規劃綱要（2006—2020 年）》	國務院
	2006 年	《實施〈國家中長期科學和技術發展規劃綱要（2006—2020 年）〉的若干配套政策》	國務院
	2008 年	《關於利用金融手段支持國家科技興貿創新基地的指導意見》	商務部、科學技術部（以下簡稱科技部）、中國進出口銀行
	2011 年	《國家「十二五」科學和技術發展規劃》	科技部
	2011 年	《關於促進科技和金融結合加快實施自主創新戰略的若干意見》	科技部、財政部、中國人民銀行、國務院國資委、國家稅務總局等
	2015 年	《關於積極發揮新消費引領作用 加快培育形成新供給新動力的指導意見》	國務院

表6.1(續)

類型	頒布時間	名稱	頒布部門
信貸	2006年	《中國進出口銀行支持技術高新企業發展特別融資帳戶實施細則》	中國進出口銀行
	2006年	《支持國家重大科技項目政策性金融政策實施細則》	中國銀行業監督管理委員會（以下簡稱銀監會）
	2006年	《關於商業銀行改善和加強對高新技術企業金融服務的指導意見》	銀監會
	2007年	《關於對創新型試點企業進行重點融資支持的通知》	國家開發銀行、科技部
	2009年	《關於進一步加大對科技型中小企業信貸支持的指導意見》	銀監會、科技部
	2009年	《關於進一步加大對科技型中小企業信貸支持的指導意見》	銀監會、科技部
	2010年	《關於加強知識產權質押融資與評估管理支持中小企業發展的通知》	財政部、工業和信息化部、銀監會等
風險投資	2007年	《關於產業技術研究與開發資金試行創業風險投資的若干指導意見》	財政部、國家發展和改革委員會(以下簡稱發改委)
	2007年	《關於促進創業投資企業發展有關稅收政策的通知》	財政部、國家稅務總局
	2007年	《科技型中小企業創業投資引導基金管理暫行辦法》	財政部、科技部
資本市場	2009年	《首次公開發行股票並在創業板上市管理暫行辦法》	中國證券監督管理委員會（以下簡稱證監會）
	2009年	《證券公司代辦股份轉讓系統中關村科技園區非上市股份有限公司股份報價轉讓試點辦法(暫行)》	證監會
保險	2006年	《關於進一步支持出口信用保險為高新技術企業提供服務的通知》	財政部
	2006年	《關於加強和改善對高新技術企業保險服務有關問題的通知》	中國保險監督管理委員會（以下簡稱保監會）、科技部
	2007年	《關於進一步發揮信用保險作用支持高新技術企業發展有關問題的通知》	科技部、中國出口信用保險公司
	2010年	《關於進一步做好科技保險有關工作的通知》	保監會、科技部

表6.1(續)

類型	頒布時間	名稱	頒布部門
其他	2006年	《國家高技術研究發展計劃(「863」計劃)管理辦法》	科技部、總裝備部、財政部
	2007年	《關於印發建立和完善知識產權交易市場的指導意見的通知》	發改委、科技部、財政部、國家工商行政管理總局、國家版權局、國家知識產權局
	2008年	《關於創業投資引導基金規範設立與運作的指導意見》	發改委、財政部、商務部
	2011年	《國家科技成果轉化引導基金管理暫行辦法》	財政部、科技部

資料來源：根據相關資料整理。

　　這些政策構建了中國金融支持技術創新的基本政策體系。這一體系主要涵蓋三個方面：①財政性金融政策，它以財政補貼、稅收優惠和政府採購等財政手段為重點；②政策性金融政策，它主要關注中國政策性金融機構所開展的支持企業技術創新的金融業務；③商業性金融政策，它主要涉及科技貸款、科技保險、風險投資及資本市場等方面。總體性的重要綱領文件有以下幾個：2006年，中國國務院頒布兩份文件——《國家中長期科學和技術發展規劃綱要(2006—2020年)》和《實施〈國家中長期科學和技術發展規劃綱要(2006—2020年)〉的若干配套政策》，將金融支持列為促進技術創新企業發展的重要內容，提出了要制定具體政策鼓勵自主創新，加大政府科技投入和稅收激勵，完善金融政策和金融支持手段；2011年，科技部頒布了《國家「十二五」科學和技術發展規劃》，將科技金融納入國家科技創新戰略體系。從此，金融支持技術創新事業在中國進入一個新的時期。同年，科技部、財政部、中國人民銀行、國務院國資委、國家稅務總局、銀監會、證監會和保監會聯合召開了促進科技與金融融合的聯席會議，這次會議的一個成就是成立了聯合工作協調指導小組，並於2011年10月制定了聯合工作文件《關於促進科技和金融結合 加快實施自主創新戰略的若干意見》，這也成為指導金融支持技術創新工作的一個重要文件。

　　為更好地推進技術創新領域的新投資、新供給，加快培育形成經濟發展新動力，2015年國務院印發了《關於積極發揮新消費引領作用 加快培育形成新供給新動力的指導意見》，該文件明確指出要加快構建有利於創業創新的良好

生態環境；加快大型科技服務平臺的建設；發展多元化的創業投資模式，推動金融產品和金融服務的創新。該文件的具體意見中提出要完善金融體系，鼓勵金融產品創新；建立健全科技創新融資模式，讓金融創新覆蓋企業創新產品研究、開發、投產的每一環節，成為科技創新與企業發展的助推器；鼓勵商業銀行開展創新型貸款業務；發展多層次資本市場，支持互聯網金融、消費信貸的創新發展等，通過落實政策進一步優化企業的創新融資環境，提高融資便利性，減小創新阻力。

在中央各部門出抬了一系列金融支持技術創新的政策後，地方在執行與落實政策過程中，紛紛結合當地金融資源條件和科技基礎出抬了相關配套措施，極大地優化了金融支持技術創新的政策環境。蘇州市密集出抬了十多項政策，政策涵蓋了銀行業、證券業、保險業和資本市場等方面；陝西省為更好促進金融支持技術創新，甚至出抬了法律條例，以明確金融支持技術創新的相關內容。

技術創新金融支持的工作機制建設也逐步開展起來，各級科技部門和金融部門紛紛創新了合作方式，建立了多層次工作機制。2011年科技部會同金融監管部門共同啟動「促進科技和金融結合試點工作」，與國家開發銀行、中國國際金融有限公司、中國銀行、招商銀行、深圳證券交易所等建立起了合作關係，在中關村國家自主創新示範區等16個地區密集開展探索。地方科技部門、國家金融機構也建立起合作機制，如廣東省科技廳與國家開發銀行、中國出口信用保險公司、招商銀行等多家金融機構的分支機構開展了全面合作；烏魯木齊市科技局與多家銀行、產權交易所和擔保機構建立了銀政企合作平臺。

技術創新金融支持的投入機制也逐步建立。北京、江蘇、四川等地均對當地的科技計劃與經費管理制度進行了改革，建立了金融支持技術創新的專項計劃、貸款風險補償基金和科技成果轉化基金等。地方財政撥出專項資金以支持技術創新金融支持工作的開展。貴陽在發展當地科技的規劃中增設「科技金融計劃」，以成立地方科技創業投資引導基金和科技成果轉化基金，支持科技信貸專營或配套機構的建設，增加對技術創新企業或項目的財政性補助。

6.1.2 技術創新的金融支持的發展

首先，政策性金融機構的支持力度不斷加大，政策性金融機構支持技術創新企業的發展，除了提供直接的資金支持以外，還可以發揮政策性投資的金融槓桿作用，鼓勵商業資本跟進投入。中國三大政策性銀行自成立以來，在推動技術創新企業發展和創新活動開展方面發揮著越來越重要的作用。1999年，

中國進出口銀行開辦高新技術產品出口的貸款業務，開始探索出口產品買方信貸、外匯擔保和境外投資貸款等有利於出口型技術創新企業發展的金融制度；2003年，國家開發銀行出抬了《國家開發銀行高科技創業貸款項目評審指導意見》，確定了由國家開發銀行成立科技創業投資企業，通過股權融資或債權融資方式支持科技企業發展；2006年，科技部與國家開發銀行簽訂了一項貸款協議，擬放出500億元的政策性貸款來支持國家科技攻關項目和重大專項項目；2008年，科技部和中國農業發展銀行達成合作協議，以進一步加強科技金融工作，為農業科技成果產業化投入巨額支持資金。2013年，中國進出口銀行與發改委聯合印發《關於金融支持高技術服務業發展的指導意見》以共同支持高技術服務企業的創新發展，推進企業研發設計服務、科技成果轉化服務、知識產權服務和信息技術服務等重點領域的建設。

其次，商業銀行在服務組織和服務方式等方面不斷完善創新，以支持企業的技術創新。中國的科技銀行主要是以商業銀行下屬的「科技支行」的形式存在。近年來，類似科技支行這樣的專業科技金融服務機構迅速增加。2000年，中國建設銀行深圳分行所轄的科苑分行成立，標誌著中國科技銀行發展的開端。隨後，全國各地的一些商業銀行也相繼成立了科技支行，一批科技信用社也相繼成立。近年來，在發展傳統科技信貸業務的同時，很多商業銀行為支持技術創新推出綜合金融模式新業務。光大銀行推出了「股權服務全程通」業務，把股權服務平臺作為中心，構建「商業銀行+託管銀行+投資銀行」的業務模式，建設股權融資、股權轉讓、股權託管三大服務層次，基於企業的生命週期特點，對商業銀行的傳統信貸、股權服務、投行服務等資源進行充分整合，為企業提供一條龍綜合金融服務。同時，業務鏈條細化分工。商業銀行在內部設立專業的中小企業金融部門和投行業務團隊。這樣的安排一方面能夠提高銀行的工作效率，有助於提升效益水準，另一方面也可以最大限度地降低企業獲取融資所耗費的精力，使其能夠全心全意投入技術創新活動之中，進而促進技術創新的發展。值得一提的是，當前蓬勃發展的科技小額貸款機構已經在一些方面彌補了商業銀行在傳統信貸業務方面的不足，江蘇省在這方面走到全國前列。截至2015年年底，江蘇已經批准設立了64家科技小額貸款公司，已經完全覆蓋了全省各地級市和省級以上的全部高新區。

再次，中國建設了多層次資本市場，加大了對創新企業的支持力度。中小板和創業板的開設給更多創新型企業開闢了上市直接融資的途徑。2012年，證監會與科技部聯合印發《關於支持科技成果出資入股確認股權的指導意見》，致力於優化科技成果入股的制度環境，並積極推動科技成果入股企業上

市。「新三板」試點不斷擴容，截至 2015 年年底，全國中小企業股份轉讓系統中掛牌公司達 5,016 家，其中大部分為科技企業，總市值達 22,443.81 億元。創業板市場穩步發展，截至 2015 年年底，492 家上市公司中技術創新企業占到九成；2012 年 5 月，上海證券交易所和深圳證券交易所同時出抬了《中小企業私募債券業務試點辦法》；2012 年 6 月，蘇州高新技術產業開發區成功發行了中國首支科技型中小企業集合票據。

最後，創業投資或風險投資在支持企業創新方面繼續發揮著重要作用。創業企業的成立與發展為風險投資和私募基金帶來好的投資機會。風險投資和私募基金為企業創新提供資金支持，相較於銀行體系，它們對風險更為偏好，這決定了創新企業或創業企業成為它們的重要業務來源。在當前「大眾創新，萬眾創業」的浪潮下，創新項目不斷湧現，風投行業也得到了迅猛發展。截至 2015 年年底，各類風險投資與私募基金機構數量達到 2,872 家。天使投資也在逐漸發展為推動創業創新的不可忽視的力量之一，各類天使投資平臺、天使投資基金、天使投資協會及天使投資人都表現活躍。清科研究中心的統計數據顯示，2015 年第一季度，海內外天使投資機構一共投資了 349 家國內初創企業，公開披露的金額已超過 2.59 億美元；投資案例同比上升 93.9%；披露金額同比增長 214.2%。各地積極設立天使投資引導基金，用以彌補和分攤企業初創期投資風險。比如江蘇省第一期天使投資專項款達 2 億元，該款項主要用於設立風險準備金，地方按照 20% 給予配套，以補償天使投資機構投資於種子期或初創期中小型科技企業的損失，補償金額不超過首輪投資額的 30%；長沙高新區也設立了規模為 1 億元的湖南省麓谷天使投資基金。

6.1.3 技術創新企業「融資難」問題突出

首先，商業銀行穩健經營的原則決定了其是風險厭惡型的，這與技術創新所存在的高風險特徵間存在天然的矛盾，這也就成為銀行體系支持技術創新的障礙。技術創新型企業，尤其是中小型技術創新企業開展創新活動的風險較大，難以達到商業銀行傳統信貸業務的要求，銀行類金融機構能提供的金融產品或服務和技術創新企業的成長規律不能完全匹配。因此，現實中，技術創新企業特別是作為最重要的創新主體的中小企業及一些初創企業很難從銀行體系獲得貸款支持。其次，政策性銀行由於金融資源、現有功能定位及經營上存在的固有缺陷，對企業技術創新支持的作用也相當有限。政策性金融機構在為科技型企業的創新發展提供支持的同時也產生了諸多不利影響，如政策性銀行對科技支持缺乏專業性、政策性擔保機制存在缺陷、資金補償機制缺乏等。而

且，中國風險投資和私募股權類投資市場缺乏必要的法律法規保障，風險投資動力體系不完備，導致風險投資資金來源渠道狹窄，資金規模較小，而風險投資的組織結構缺陷使得其營運缺乏有效的激勵約束機制。由於相關稅收政策的不完善再加上中國國有創業投資基金被納入一般性經營資產管理，中國創業風險投資過度集中於企業的中後期投資，對初創期和成長期的科技型中小企業的支持力度明顯不足。私募股權投資的准入門檻過高，退出機制也很不完善。最後，國內資本市場不完善，政府行政干預多、市場化程度弱，創業板和場外交易市場准入門檻高，沒有將創新創業特徵充分考慮在內，導致部分技術創新企業、新型產業和新商業模式企業難以獲得直接融資。

6.2 技術創新金融支持的政策建議

6.2.1 基本原則

中國在金融支持技術創新方面已經出抬了較多政策，在實踐領域也取得了一定的成績，但是仍有諸多問題亟待解決。基於以上對中國技術創新金融支持體系現狀和問題的分析，借鑑國內外已有經驗，我們嘗試性地提出改進技術創新金融支持體系的若干建議。

要實現這些目標，需要堅持以下幾項基本原則：

（1）要處理好金融體制改革和金融風險防控之間的關係。改進技術創新金融支持體系，是對舊體系中不能適應創新發展要求的制度、體制進行改革，而中國金融系統內在的脆弱性決定了改革具有風險，這就要求我們在進行金融改革、加快金融創新的過程中必須注意防範金融風險，保證穩定前提下的有序發展。

（2）要保持金融體系結構的合理協調發展。金融市場的各有機部分在金融體系的運轉中都發揮著不可替代的作用。在一個國家金融業發展的進程中，整體金融結構的優化協調至關重要，它直接影響著整個金融體系甚至整個經濟體系的穩定與可持續發展。由於很多技術創新企業是中小型企業，它們進行技術創新活動所面臨的風險會比相同情況下大型企業所面臨的風險大得多；而銀行等傳統金融機構由於自身經營特性的原因會最大限度規避風險，因此不太可能對中小型技術創新企業進行融資支持。這就需要通過積極政策引導建立多層次的資本市場體系，使得各種類型的企業都可以較為順利地獲得金融支持，完成技術創新。

（3）堅持借鑑國外經驗與適應本國國情相結合。中國技術創新的金融支持體系必須是在中國特有環境中存在並發揮作用的，國外的成功經驗為我們進行金融改革提供了很好借鑑經驗，但這些經驗也有基於其國情與制度體系、社會經濟環境的特殊性與有限性，因而我們必須辯證地對待這些經驗，而不是僅把國外先進的經驗拿來簡單地加以套用。在中國社會經濟制度中，政府尤其是中央政府掌握著巨大的社會資源，這決定了我們在政策制定時，需要重點考察政府「看得見的手」的作用，通過相應制度體系的頂層設計，對相關資源進行整合，從而實現促進技術創新企業技術創新的目的。

（4）政策制定要基於企業現實情況，以企業具體發展階段為出發點。政策制定者要對技術創新企業所處的不同發展階段和企業技術創新活動開展的不同階段有準確的認識，對企業在這些階段的資金需求狀況有全面的瞭解，從而制定出合理政策引導金融機構為企業提供最合適的融資支持，讓資金在技術創新週期中合理匹配，全面保障技術創新活動的整個流程。

6.2.2　建立全方位的技術創新銀行體系

6.2.2.1　組建技術創新銀行

技術創新銀行是一種新型的商業銀行模式，不是傳統的綜合性商業銀行，更不是政府主導的政策性銀行。技術創新銀行是具有專業化職能的銀行，它的專業化主要體現在：一是服務對象專業化，技術創新銀行服務對象就是各類技術創新企業，它們為這類企業提供貸款及相關服務；二是風險控制模式的專業化，技術創新涵蓋研發、生產、商品化、產業化的全過程，每個階段都可能是一次「驚險的跳躍」，技術創新銀行給技術創新企業的授信與貸款管理需要專業化的風險控制模式，比如實施由技術專家、信貸專家、財務專家、市場分析專家等組成的聯合信貸評審制度；三是風險容忍標準的特殊化，就是給予技術創新銀行更高的風險容忍度，實行不同於普通商業銀行的特別的壞帳撥備與壞帳核銷制度及稅前列支優惠政策，容忍相對較高的貸款不良率，實行獨有的內部績效與薪酬考核制度等。

目前，中國的銀行體系主要由國有銀行、股份制銀行、城商行、農商行、農村信用社及村鎮銀行等組成。國有銀行與大中型商業銀行由於規模上不匹配及對技術創新的風險容忍度較低，對技術創新企業尤其是中小型企業的支持有限；城商行、農商行、農信社、村鎮銀行等中小微型銀行，在專業化、人才、風險控制、信息管理等方面存在相對劣勢，很難在支持技術創新方面發揮大的作用。技術創新企業的「融資難」問題由此而生。因此，組建中國技術創新

銀行是迫切的,而且,中國正處於由要素投入驅動到創新驅動的經濟轉型期,組建技術創新銀行也是現實的需要與選擇。

6.2.2.2 國有銀行與大型股份制商業銀行設立技術創新特色支行

技術創新的「三高」特徵及其不確定性與商業銀行的風險厭惡型特徵不匹配,國有銀行與大型股份制商業銀行很難對技術創新企業提供相應的金融服務。技術創新企業大部分是戰略新興產業,現有的銀行體系就無法把資源有效配置到戰略新興產業中去。在中國的金融體系中,銀行仍占據著主導地位,而在當前的銀行業中,國有銀行與大型股份制商業銀行在存貸規模上具有絕對優勢,在金融資源配置中發揮著主渠道作用。因此,在金融支持技術創新的活動中,國有銀行與大型股份制商業銀行的力量不可或缺。如何提高國有銀行與大型股份制商業銀行支持技術創新的意願與績效,筆者認為,設立技術創新特色專營支行是戰略性的選擇。

國有銀行與大型股份制商業銀行可對其技術創新特色支行實行「計劃單列」的模塊化管理,即各行按照專營機構切塊管理,實行獨立的信貸計劃、人員配置、財務管理、績效考核、客戶准入、會計核算制度。同時,技術創新特色支行在具體的服務對象、風險容忍標準和風險控制等方面與技術創新銀行類似。

6.2.2.3 推進政策性金融機構建設與發展戰略的調整

政策性金融機構服務於政府的政策需求,旨在落實政府的社會經濟發展戰略,提升國家經濟發展水準。由於商業銀行本身具有的市場屬性,因而其必然是把利潤最大化作為自己的追求目標。這就造成銀行很難為技術創新企業提供成本足夠低的資金,因此就需要不以盈利為最大目標的政策性金融機構出面,對技術創新活動進行重點幫扶。政府應該出抬相應政策加大對技術創新企業的支持力度,同時要進一步增加與政策配套的政策性金融機構對其政策加以執行,出抬相關法律法規規範政策性金融機構的行為,增加並明確其服務於技術創新活動的職能,讓政策性金融機構真正起到支持國家科學發展、服務技術創新企業創新的作用。

近年來,中國三大政策性銀行——國家開發銀行、中國進出口銀行、中國農業發展銀行的宏觀經營環境已經發生改變,由投資推動與出口拉動的依賴要素投入經濟增長模式向創新驅動的依賴技術進步的經濟增長模式轉變。三大行的經營戰略應該圍繞國家的創新驅動戰略做出相應的調整。國家應該調整並擴大政策性銀行的業務範圍,把支持企業技術創新納入它們的支持對象,並以此作為三大政策性銀行的核心業務之一,賦予政策性銀行支持企業技術創新的職

能，可以促進政策性銀行實現從純粹政策性向政策性與實現盈利相結合的職能轉變，有利於政策性銀行的可持續發展。

6.2.3 建立多層次的資本市場體系

6.2.3.1 完善資本市場並建立升降級轉板制度

不同類型、不同規模和不同發展階段的企業的直接融資需求是多層次資本市場構建的現實基礎，多層次資本市場應該是一個分層多級的垂直資本市場體系。中國資本市場經過多年的發展，已經初步形成了涵蓋主板市場、中小板市場、創業板市場、新三板市場、區域性櫃臺市場的多層次資本市場體系，成為技術創新企業直接融資的主要渠道。

首先，中國應完善主板、中小板與創業板的准入制度，更好地引導資源向技術創新領域匹配。主板市場的准入門檻非常高，這導致幾乎只有大型企業才得以進入，但是它在入市條件上可以向技術創新能力強、研發投入大、已經處於成熟階段的再創新大型企業傾斜；中小板應該降低處於技術創新階段中小企業的上市門檻；創業板應該進一步完善與創新上市標準，適當降低門檻，為處於技術創新成長與擴張階段的中小企業提供直接融資服務。

其次，中國應抓緊推出戰略新興產業板市場。2009年，中國推出的創業板為技術創新企業提供了大量的直接融資支持，但仍不能滿足廣大中小型技術創新企業的融資需求。2010年，國務院頒布了《關於加快培育與發展戰略性新興產業的決定》，它指出：要重點培育發展新能源、節能環保、新材料、生物醫藥、高端裝備製造、新一代信息技術等戰略新興產業。因此，再推出一個戰略新興板資本市場很有必要，它可專門為七大戰略新興產業領域的技術創新企業提供融資。

最後，中國應建立完善的升級、降級、轉板及退市制度（見圖6.1）。進退轉板有利於更好地配置資源：一方面，進板有利於優良企業到更高的資本市場去獲得更大的融資支持；另一方面，退板或直接退市可以淘汰劣等或僵屍企業占用資源。中國應建立從地方性櫃臺市場、新三板、創業板或戰略新興板、中小板到主板的依次升級轉板或越級轉板制度，同時建設反方向的依次退板或直接退市制度。

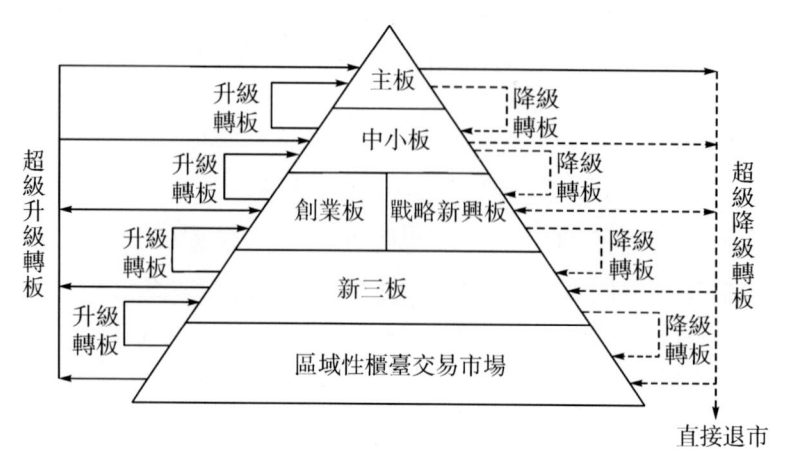

圖 6.1　資本市場體系及其升降級轉板退市制度

6.2.3.2　加速債券市場的發展

在一個完整成熟的資本市場中，完善的公司債券市場是不可或缺的組成部分，而依據公司金融學中的融資優序理論，債券是企業外源融資的首選。債券融資的成本相對較低，而且債券利息可以稅前列支，能起到稅盾的作用。然而，長期以來，中國公司債券市場一直沒有得到很好的發展，所以需要政府出抬強有力的政策推動債券市場的完善與發展，使其在多層次資本市場中佔有重要地位，以更好地支持技術創新。公司債券市場的成熟與完善將會進一步方便廣大中小科技型企業進行融資，進而有助於提升企業技術創新的成功率。從世界範圍來看，債券市場發展最好的是美國，從聯邦債券、市政債券到公司債券和衍生債券等應有盡有，且層次分明，公司債券規模很大。這給中國完善債券市場提供了良好的參考，值得我們結合中國國情加以借鑑。目前，中國債券市場存在市場不完善、規模不大、發行方式與債券品種不夠多樣化、投資人不夠多元、二級市場流動性不夠高、評級與監管不夠規範等一系列問題，需要採取多種舉措改進與完善債券市場，為技術創新企業債券融資服務。一方面，中國要促進債券市場的金融產品創新，推出與發行技術創新企業特種債券，根據技術創新企業的特徵，在債券期限、面額、利率、兌付方式、擔保方式、市場交易等方面進行設計，以適應技術創新企業的融資需求；針對技術創新型中小企業「發債難」問題，推出企業集合債券，由多家技術創新中小企業組成聯合發債主體，發行技術創新債券；進一步擴大發行垃圾債券，支持處於成長或擴展時期的技術創新企業融資。另一方面，中國應繼續優化制度設計與安排，使與公司債券發行與交易相關的法律法規更加完備，增加債券市場整體的流動

性；完善抵押、評級、擔保、監管、退出等市場匹配機制，提高債券市場的投資價值，優化資源匹配。

6.2.4 建立規範有序的創新投資體系

6.2.4.1 加強中國關於技術創新風險投資的法律體系建設

國際經驗表明，風險投資的法律體系主要包括公司法、合夥企業法、投資者保護法、信託法和證券交易法等。目前，中國已經出抬了證券法、公司法、合夥企業法、信託法，為風險資本進入技術創新領域提供多元化的市場准入方式，如公司制的風險投資機構、合夥制的風險投資機構、風險投資集合信託計劃等。然而，當前中國還沒有相關的法律法規規範風險投資的行為。筆者建議可以採取以風險投資的獨立法為主、其他形式的法律起輔助作用的立法方式，建立起一套完備的風險投資法律體系，明確風險投資機構合法的市場主體地位，從而規範風險投資機構的市場行為。

6.2.4.2 加強中國關於技術創新風險投資的動力體系建設

風險投資的直接動力源自對技術創新企業發展前景的看好，內部動力則是通過投資可以獲得比較高的回報。如果政府制定了優惠的政策來支持風險投資無疑會對風險投資產生一個巨大的外部動力，這將會對風險投資的發展產生巨大的推動作用。特別是在風險投資發展尚處於起步階段的國家，優惠政策的推動作用很明顯。目前，中國雖然有一些對投資創新企業的風投優惠政策，然而還遠不及發達國家的支持水準。因此，中國應該對高新技術產業和創新活動的投資擴大政策優惠範圍，加大優惠力度，以便吸引更多的投資者和資金進入技術創新產業。筆者建議由政府設立技術創新風險投資引導基金，鼓勵社會風險資本投向技術創新領域，實現從引導作用到槓桿作用的轉變，形成政府引導、風險資本與資本市場疊加聯動的機制，有效促進風險資本對創新型企業的支持。

6.2.4.3 建設關於技術創新風險投資的約束機制和體系

保護投資者利益不受損害是技術創新風險投資中的一個必須給予高度重視的問題，因為風險投資者的資金能否合理使用關係到其能否有效地支持企業技術創新活動的實行。保護投資者的利益不僅需要動力機制的激勵，還需要約束機制的制約。投資者與風險投資機構之間存在著委託代理問題，風險投資機構可能會冒險追求更高的回報而傷害投資者的利益，長此以往，將會導致技術創新資金的供給匱乏。因此，中國要完善相關法律法規，明確風險投資的投資範圍，規範經理人的決策行為，設計合理的機制減少道德風險，使對技術創新的風險投資具有持續性，從而促使整個產業良性循環、健康發展。

當前，中國的風險投資機構大多以公司制的組織形式存在，風投機構的投資者與資金營運者之間存在著較大的委託代理問題。參考西方發達國家經驗，有限合夥制是較好的風險投資激勵約束制度。由專業的風險投資家擔任一般合夥人，主要負責資金的營運管理，其資金占總資本很少的份額，但可以獲取投資收益分紅；由機構投資者等投資人出任有限合夥人，不直接參與風險投資企業的營運管理，所附責任以其出資額為限。這樣的制度設計能夠起到很好的激勵約束作用。除此之外，中國應完善相關法律制度，使得約束技術創新風險投資企業的行為有法可依、有章可循；加強風險投資企業甚至是風險投資家個人的准入和推出機制建設，構建風險投資機構和個人的聲譽評價約束體系；建立健全法人治理結構，劃分明晰投資人與技術創新風險投資機構經理的權責關係，使風險投資的營運更加規範。

6.2.5 積極推動技術創新金融服務仲介機構的發展

技術創新金融服務仲介機構是溝通科技資金供需雙方的媒介，可以分為營利性仲介機構和非營利性仲介機構。營利性技術創新金融服務仲介機構有信用評級機構、擔保機構、會計師事務所及資產評估機構等。這些機構參與投融資活動，有助於減少資金供需雙方的信息不對稱，能夠有效提升技術創新金融市場的運行效率。非營利性技術創新金融服務仲介機構主要有具備相關職能的事業單位、國有企業和行業協會。這些單位可以依託自身的資源優勢和組織優勢，成立政策性擔保機構為科技型中小企業提供信貸擔保，幫助技術創新企業開展項目推介、技術創新項目與風險資本對接等活動。

積極推動技術創新金融服務仲介機構發展，不僅要繼續發展傳統的仲介機構，還要在此基礎上進行業務模式創新，建立綜合性的服務仲介平臺。技術創新金融服務仲介公司在為企業融資提供輔助性服務的同時，也可以作為獨立仲介為科技型中小企業尋找資金支持。這類技術創新金融服務仲介公司可以對科技型中小企業進行全面考察，瞭解企業的發展前景和技術創新資金需求情況；通過將技術創新型企業的各項信息與政府創新創業基金、私募基金及風險投資機構等進行匹配，幫助企業申請國家級、省級及市級等各級政府補貼、專項資金與稅收優惠，聯絡合適的創業投資基金進行洽談合作，幫助技術創新型企業實現融資工具的有效配置與多元化組合。此外，這類仲介還可以給技術創新中小企業提供管理上的支持，通過管理技術入股，為企業建立現代管理體系，培養管理人才；協助中小企業通過股權或債權等方式進行外部融資，幫助企業進行股份制改革，完善組織機構和團隊文化建設，為企業提供知識產權或稅收等

方面的政策法規培訓。而且，技術創新金融服務仲介還可以為企業提供一個平臺，從而方便企業之間形成一定規模的聯合，更為容易地從技術創新銀行、商業銀行或政策性銀行獲得貸款，給企業帶來可用於技術創新活動的長期資金，這種「統借統還」信貸模式目前已有了很多的試點與實踐。

在中國大力發展這樣的技術創新金融服務仲介是非常有必要的。因為長期以來，政府的科技金融政策與規章紛亂龐雜，貫通各個部門，涉及各個領域，科技部、商務部和發改委就有至少數十種專項基金，更不用說各級政府與單位的配套措施；而且創業風投、私募機構多如牛毛。企業尋找對自己最有利的優惠政策、最合適的投資人猶如大海撈針，需要花費極大精力。若將這些工作外包給專業的技術創新金融服務仲介機構，企業能夠更加順利地拿到政府補貼或者創投資金。前期的政府資金和風險資本的進入也向社會資本釋放出了積極的信號，證明這個企業進行的技術創新可能具有良好的發展前景，如此一來會吸引更多的資金投向該企業。

技術創新金融服務仲介機構的存在能夠極大幅度地提高資金運作的流暢程度，間接地提高了科技型企業進行技術創新的成功率。成都高新區已有相關實踐，成都高新區的「盈創動力」服務平臺集成多家天使投資基金、創業投資機構、私募股權投資基金、小額貸款公司、融資擔保公司等技術創新金融服務功能於一體，通過整合政府部門、金融機構、仲介機構等多方優勢資源，探索以金融服務創新推動技術創新的新路徑，幫助科技型中小企業解決融資難的問題，扶持技術創新企業快速健康成長。

目前，中國並沒有相關法律法規出抬明確技術創新金融服務仲介公司的合規性，但是根據中國「法無禁止即可為」的立法原則，這類公司是可以設立營運的，而且市場確實對這類公司有需求，說明其存在是合理的。因此，需要政府盡快出抬法律法規對這類技術創新金融服務仲介公司的設立營運等各項環節及相關領域進行規範。

6.2.6 設立技術創新風險投資損失補償基金

在許多情況下，技術創新活動的不確定性和金融風險都過大，超出了常規投資者甚至是風險投資者的風險承受能力。偏好安全性的金融資本和社會資本就不會持續投入這一類技術創新活動，技術創新金融就不可能實現可持續的商業化發展。這時，政府就應該發揮作用，通過優化配置公共資源，對投資於技術創新企業的金融資本和社會資本進行風險補償以打開融資渠道，全力支持技術創新活動。然而，政府並非專業的投資機構，而且其對資金的運用效率往往

不及市場，因此政府資金對企業技術創新活動的大量直接介入未必能實現理想的效果，甚至會滋生尋租腐敗。換一種思路，讓市場主體來尋找並確定哪些企業或項目值得投資，然後政府將原來直接注入企業的資金聚集成為一個對風險投資者的損失補償基金可能效果更好。政府將對高科技企業的直接補償轉變為設立獨立的技術創新風險投資損失補償基金，既可以體現政府對技術創新支持的政策導向，又能夠發揮槓桿作用，吸引更多社會資本進入風險投資領域，進而使技術創新得到更大規模的資金支持。

這樣的風險補償基金在一定程度上可以彌補風險投資機構或私募基金因投資失敗而導致的虧損。風險補償基金可由政府各級財政和社會資金共同出資設立，專項用於補償風險投資對技術創新企業或項目的投資損失。這樣會對風險投資機構和私募基金產生一定的激勵作用，引導和激勵創業投資機構的資金進入，進而鼓勵它們對科技型中小企業進行投資。然而，這種機制存在著天然的道德風險和逆向選擇問題。因此，風險補償基金不可能對所有的投資失敗都予以補償，所補償的損失必須是符合一定的條件、按一定比例的。風險投資機構在投資前應對企業做過充分考察，確保投入企業的資金用於創新技術研發。只有市場環境變化等不可抗力因素所導致的損失才能獲得補償基金的補償。

在實踐中，類似風險補償基金較多存在於天使投資領域，江蘇、廣東和上海均有試點。2013年，江蘇省科技廳出抬《江蘇省天使投資引導資金管理暫行辦法》，該辦法規定省與市縣兩級政府對投資於種子期或初創期科技型小微企業的天使投資機構分別按首輪實際投資金額的30%和20%提供風險準備金。天使投資機構若在首輪投資中發生損失，風險準備金補償50%的損失，省級風險準備金對單一項目補償總額不超過300萬元，補償損失後的剩餘風險準備金和首輪投資後三年內未發生損失的項目風險準備金應當返還各級財政。在損失補償比例方面，廣東省的政策與江蘇省類似。2015年，廣東省科技廳和財政廳聯合下發《關於科技企業孵化器創業投資及信貸風險補償資金試行細則》，該細則所針對的創業投資機構需投資廣東省科技企業孵化器內的中小微企業，而且這類中小微企業應該具備「初創期」和「科技型」兩種屬性。若投資項目失敗，省市兩級財政將為創業投資機構提供創業投資風險補償資金。該補償資金可覆蓋項目實際投資損失額的50%，但省級財政對單個項目的補償不得超過200萬元。2016年年初，上海市科學技術委員會同上海市財政局、上海市發展改革委共同頒布的《上海市天使投資風險補償管理暫行辦法》明確規定了政府可補償天使投資的投資損失。在補償政策上，上海市對處於種子期和初創期的科技型企業進行了區分。風險投資機構投資種子期科技型企業，若發生

投資損失，政府按項目損失金額最高60%的比例予以補償。而對於處在初創期的科技型企業，若投資機構發生投資損失，政府按項目損失金額最高30%的比例予以補償。單一投資項目損失補償上限為300萬元，每年單一投資機構損失補償上限為600萬元。

　　此類政策的出抬飽受爭議。爭議主要有三個方面。首先，一些觀點認為，市場經濟的一個基礎原則就是風險與收益相匹配，想擁有高額收益的索取權就必然有承擔潛在損失的義務。風險投資是市場行為，政府對投資風險的補償會扭曲市場機制。其次，補償投資風險的出發點雖然是積極的，但是扶持產業發展是一個長期行為，隨著科技型中小企業的增加、技術創新項目增加、風險投資機構增加，政府將會面臨巨大的財政負擔。最後，由政府相關部門直接實施這類補償措施是低效的。因為政府部門並不是專業化的市場機構，受到其自身職能及體制環境的限制，往往事倍功半。針對這一問題，改良的方法是將這一職能獨立出來，交給專業的機構，進行市場化的營運，以提高政策的落實質量。

6.2.7　創新金融產品與金融服務

　　一項技術創新若能從最初的籌備研發順利走到最終的商業化，在市場上獲得成功，回報往往是極其豐厚的。而就具體的創新項目而言，技術創新活動的每一個環節都存在著很高的失敗概率。技術創新的高風險、高投入和高回報特徵決定了這一活動的最優融資途徑只有兩條：一是政府投入，二是金融機構或金融市場通過分散風險投入。銀行仲介具有風險規避的行為特徵，對技術創新的風險容忍度很低。銀行體系能不能有更大的意願去支持企業技術創新，能否將金融資源配置到最需要資金的技術創新活動中，關鍵在於如何通過分散風險機制提高銀行對技術創新的風險容忍度。以風險投資與私募基金為代表的金融市場單位雖然風險容忍度比銀行仲介要高，但支持的力度與規模遠遠不夠。整個金融體系對技術創新的支持力度，需要通過金融產品與服務創新來提高。

　　一是貸貸聯動。技術創新銀行、大型國有銀行和股份制銀行、政策性銀行及其他中小銀行應根據自身特徵，明確各自的職能定位與業務特色，創新設計一系列技術創新貸款品種，比如知識產權質押貸款、集合委託貸款、技術創新企業聯合貸款、協同貸款、共同擔保基金的集群貸款等。針對處於企業生命週期不同階段的創新企業、不同品類的技術創新及處於不同階段的技術創新活動，各機構應設計出細分的金融產品和服務與之匹配。政策性銀行與商業銀行的經營目標和風險容忍度是不一樣的，政策性銀行服務於國家政策，傾向於支持國家產業發展戰略，而商業銀行畢竟是營利性機構，兩者合作去支持技術創

新企業，可以起到共贏的效果。比如開展聯合分級貸款業務，對某項技術創新項目雙方聯合提供貸款，商業銀行優先，政策性銀行劣後。

二是投貸聯動。技術創新銀行、商業銀行、政策性銀行應加強與風險投資和私募基金等風險資本機構的合作。銀行仲介與風險資本機構合作可以降低由於信息不對稱帶來的風險，同時起到降低交易成本的作用，形成協同效應。它們主要有三種合作方式：銀行貸款給風險投資機構，由風險投資機構投資於創新企業；雙方按一定資金比例聯合併各自投給予貸給技術創新企業；銀行與風險投資機構共同設立技術創新風險投資分級基金，將資金投向技術創新項目，銀行貸款優先，風險資本劣後。

三是貸保聯動。技術創新銀行、商業銀行應加強與擔保公司、保險公司之間的聯動與合作，建立戰略聯盟。針對技術創新，擔保公司可創新特有的擔保合約；保險公司可開發科技保險產品；銀行可向保險公司購買信用保險，發行信用風險衍生產品，從而分散、緩釋、轉移與化解技術創新貸款的部分風險。保險公司可摸索開發「保險+信貸」產品；通過組團承包方式，解決銀行風險敞口與客戶信貸額度問題。銀行可嘗試「1+X」組合的模式，即與保險公司、擔保公司、小貸公司、地方政府合作並分擔風險的業務模式。

四是債權融資兼容股權融資。企業可通過合約形式，給予銀行貸款以股權激勵，約定在一定期限內根據技術創新企業的回報率高低，銀行獲得一定比例或分級累進的股權回報。這是債權加選擇權的一種模式，可以有效緩解激勵不相容的問題。同時，中國應探索與推進一種銀行集團內部債權融資與股權投資兼容的投貸聯動，即銀行與銀行自己設立的風險投資子公司，尤其是全資子公司之間的「母銀行主貸、子公司主投」的聯動模式。

五是技術創新貸款的資產證券化。前述四個方面創新措施只是在一定程度上提高了銀行對技術創新支持的意願。銀行貸款與風險投資的區別在於資金來源的性質不同，因此它們具有不同的風險承受底線。銀行仲介融資與技術創新金融需求之間存在不匹配性，資產證券化是最好的解決之道，既可以起到優化銀行資金來源結構的作用，又可以充分利用銀行在信息管理、風險管理、監督服務等方面的優勢，保護資產證券化產品投資者的利益。

6.2.8　建立創新創業徵信信息系統

信息不對稱問題是導致中小企業貸款難的重要原因，這一點在科技型中小企業中更為凸顯。西方發達國家和亞洲的許多工業化國家針對中小企業特點，設立了專門的中小企業徵信系統，通過建設信用評級系統有效緩解資金供需雙

方的信息不對稱問題，促進了當地中小企業的發展，也給我們提供了借鑑與啟示。

在大數據時代，對企業尤其是科技型企業信用的評判，也應超越傳統的抵押質押思維。企業的信用是一種客觀存在，信用不應該僅存在於抵質押和擔保資源之中，更多地應該體現在企業的經營行為中。具體而言，信用可能存在於每一份訂單、帳單、貨單和稅單之中，信用可能存在於社保表、工資表、水電費記錄等各類數據之中。從前，因為技術水準不高和數據挖掘成本太高，不管是金融機構還是信用評估機構，都很難對這些龐雜的企業數據進行整理和分析，從而使得技術創新企業往往因信息不對稱而無法借貸。但如今，借助大數據分析，擁有互聯網技術優勢的機構可以對企業多年累積的各類數據進行「海選」，並由此對企業的經營行為進行「體檢」。其綜合健康指標便成為評價其信用狀況和融資能力及預測信貸風險的客觀依據。

通過平臺建設和機制安排，徵信系統能夠整合科技型中小企業的信息資源，將各種分散的、零星的信用信息統一收集起來，使之規範化、數字化、公開化，變無規律為有規律，變不可考為有證查，變不可知為能可知，將其加工成為信用產品並傳遞。這提高了科技型中小企業和銀行間信息的透明度，避免道德風險，緩解逆向選擇；促使企業建立信譽資產，提升信用水準，幫助中小企業多元化融資。銀行可更為準確評價借款人風險並合理定價，降低了貸款管理成本和時間要求。金融機構競爭加劇，增加了信貸總量，企業從貸款中獲得的淨福利提高。

浙江省臺州市在這方面已經有了出色的嘗試。為解決中小微企業的徵信難題、降低銀行小微金融業務成本，臺州市政府建立了全市金融服務信用信息共享平臺。這個平臺以工商登記的全市40多萬家企業和個體戶為對象（覆蓋50餘萬家市場主體），收集整合了它們原先分散在人民銀行、工商稅務部門、司法系統等12個部門的信用信息，幫助銀行改變目前靠「人海戰術」做小微金融的現狀，為未來發展大數據金融打下良好基礎。

6.3　本章小結

本章在之前章節理論分析與實證研究的基礎上，考察了中國近年來金融支持技術創新的政策實踐，對出抬的有關支持技術創新的金融政策進行了梳理，歸納總結了此類政策已取得的成績和存在的問題，並針對這些問題提出了政策

建議。本章提出要構建完善的技術創新金融體系：建立全方位的面向支持技術創新的銀行體系，建立多層次的資本市場體系，建立升降級轉板制度，發展技術創新債券，完善技術創新企業的直接融資路徑；從法律體系、動力體系和約束體系三方面入手，建立規範有序的技術創新風險投資體系；積極推動技術創新金融服務仲介機構發展，鼓勵業務模式創新；減少政府對技術創新企業的直接資金注入，設立技術創新風險投資損失補償基金，鼓勵風險投資機構進行投資；搭建完善的創新創業徵信信息系統，建立技術創新企業信用系統和評價機制。

　　本章提出的相關政策建議，旨在降低技術創新風險，提高金融機構的風險容忍度，促使兩者達成匹配，促使金融市場部門對技術創新加大支持力度，促成金融仲介部門前移服務。這些政策建議的效果路徑如圖6.2所示。

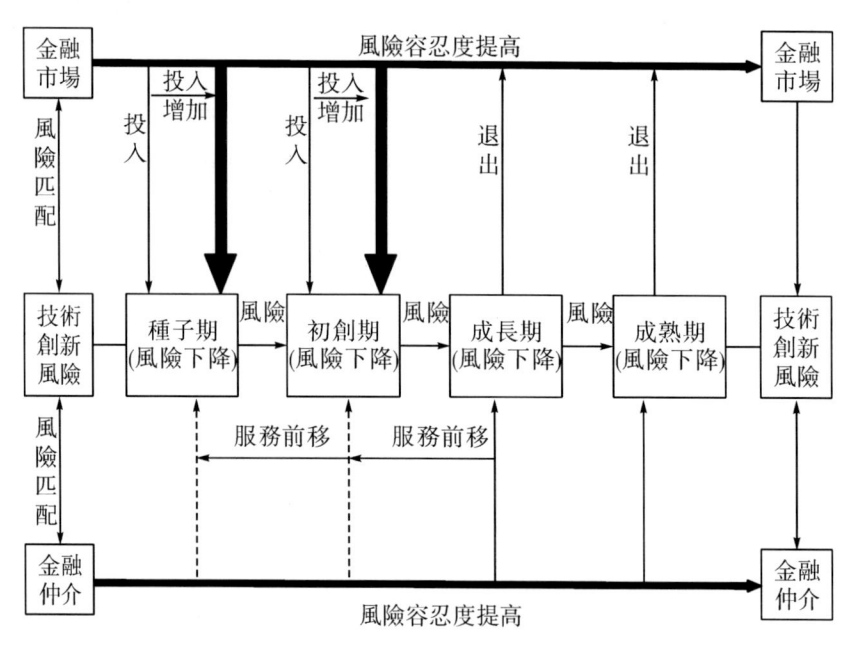

圖6.2　政策建議效果路徑

7 主要結論與展望

本書遵循「文獻梳理—問卷調查—理論研究—實證檢驗—政策建議」的思路，從以下五個方面展開了對技術創新的金融支持機理的研究：①明確技術創新這一概念的內涵與外延，指明其基本特徵；②通過調查問卷獲取第一手數據，加深對金融支持技術創新現狀的瞭解；③從金融體系的多個功能中歸納提煉出金融支持技術創新的最主要功能，構建 FRIS 分析框架，並建立了理論模型；④運用層次分析法和綜合評分法對技術創新風險和金融機構風險容忍度進行評估，實證檢驗了兩者之間的匹配關係；⑤基於問卷調查結果，依託理論模型與實證檢驗結果，提出相關政策建議。

7.1 主要結論

技術創新是一個複雜的系統工程。它是以企業為創新主體，以市場需求為導向，突出表現為新產品的發布與新工藝的改進，最終實現商業化的持續過程。高風險性、高收益性、高投入性、高溢出性、高隱蔽性是技術創新的五大基本特徵。從宏觀來看，金融體系能為技術創新提供資金支持，但是金融市場還是金融仲介的融資方式最優，學術界對此尚無確切結論。從微觀來看，各種金融因素都會對技術創新產生影響，比如銀行間競爭程度、股市流動性、風投資金來源等。拓寬多元化的融資渠道，充分發揮金融體系的風險分散功能將有助於技術創新。

就中國技術創新的金融支持現狀而展開的調查問卷的調查對象情況為：高新技術企業 30 家、私募和風險投資機構 24 家、銀行 103 家（其中，國有商業銀行 57 家、股份制商業銀行 33 家、其他 13 家）。就調查問卷結果來看，受訪的高新技術企業以中小企業為主，且大多處於發展階段，研發支出占營業收入

的比重仍然偏低，高端技術人才缺口仍然較大，雖然現階段財務運行良好但總體抗風險能力較弱。這類企業的主要融資渠道是銀行貸款和票據貼現，獲得風險投資的支持較少。此外，銀行傾向於向大型企業貸款，貸款的類型主要為一年期左右的短期貸款，且特別注重抵押擔保及企業的財務狀況；而風險投資機構或私募基金則與之相反，但是投資的總規模有限，且更加關注企業未來的發展狀況。由此可見，高新技術企業的資金需求與金融機構的資金供給存在結構上的不匹配，高新技術企業獲得銀行貸款的渠道並不暢通，而風險投資的資金又不能順利流入高新技術企業，這為構建完善的技術創新金融體系提出了迫切的要求。

筆者從金融功能與技術創新特徵相適應的角度提出了 FRIS 分析框架，以分析金融以何種功能支持技術創新。融資支持功能（F）是金融機構普遍具有的，但不同的金融機構在風險管控（R）上能提供的支持有所不同，在信息管理（I）和服務提升（S）方面也有各自的優劣勢。筆者運用 FRIS 分析框架可以解釋高新技術企業發展的不同階段對金融體系所提出的不同要求。總的來說，隨著高新技術企業的發展，其所需資金越來越多，技術創新風險在企業內部被逐漸消化，但企業層級的增加加重了信息不對稱程度，更需要金融機構的介入以提高公司治理水準，對衍生金融服務也有更多的需求。對於不同類型的技術創新企業來講，漸進式技術創新和突變式技術創新所需的金融功能的側重點也有所不同。基於 FRIS 分析框架所建立的金融支持技術創新理論模型可用於分析技術創新的高風險性和高收益性、投資者意願和金融仲介利率、創新創業環境對技術創新從不同融資渠道獲取資金的影響，還能在一定程度上說明技術創新風險與金融機構風險容忍度之間的匹配關係。

為了檢驗技術創新風險與金融機構風險容忍度之間的匹配關係，我們設計了涵蓋 46 個風險指標的 3 種調查問卷：專家評級調查問卷、高新技術企業風險調查問卷、金融機構風險容忍度調查問卷，展開了問卷調查，共回收專家評級調查問卷 5 份，高新技術企業風險調查問卷 125 份（有效問卷 121 份），金融機構風險容忍度調查問卷 91 份（來自銀行從業人員的有 44 份，來自風險投資/私募基金從業人員的有 40 份，來自其他金融機構從業者的有 7 份）。筆者以層次分析法為基礎，通過對調查數據實證分析發現，隨著高新技術企業的不斷發展，進行技術創新的總體風險程度逐漸降低；風險投資/私募基金等金融機構的風險容忍度高於銀行，但都低於高新技術企業端的技術創新風險。一方面，高新技術企業在其發展的不同階段，理應由不同的金融機構予以支持，這表明技術創新應該存在最優的融資次序：在發展初期應由風險容忍度較高的風

險投資/私募基金等股權型金融機構提供支持，在發展後期可由風險容忍度較低的銀行等仲介型金融機構提供支持。這個結論與現實情況比較吻合。另一方面，技術創新的高風險性與金融機構的低風險容忍度存在結構上的不匹配，兩者之間的缺口形成「政策制度空間」。筆者力圖通過政策制度的創新與實施，降低技術創新的風險，提高金融機構的風險容忍度，彌補缺口，實現匹配。

2015年以來，「大眾創業，萬眾創新」和「供給側改革」都對技術創新提出了迫切的要求，各地政府出抬了一系列技術創新的金融支持政策。然而，一直困擾中國技術創新企業「融資難、融資貴」的問題並沒得到有效緩解，技術創新與金融支持之間存在結構上的不匹配，迫切要求建立和完善技術創新金融體系及其相關的配套政策措施，因此筆者提出如下政策建議：

第一，大力發展有別於傳統綜合商業銀行和政策性銀行的技術創新銀行，發揮其專注於技術創新的專業優勢及其作為金融仲介所擁有的信息優勢，通過緩解信息不對稱，提高銀行的風險識別能力與風險容忍度，實現對技術創新企業的融資支持。

第二，完善多層次資本市場，逐步建立退市轉板制度，使得資本市場有進有出，讓真正有價值的企業能通過資本市場獲得源源不斷的資金支持。

第三，規範風險投資和私募基金體系，進一步加強其對技術創新的支持力度，實現金融收益與技術創新的雙贏。

第四，推動建立技術創新金融服務仲介機構，使其憑藉規模經濟效應，為金融機構和高新技術企業之間搭建起溝通的橋樑，提升金融服務的針對性和有效性，降低交易成本，提高技術創新企業獲得金融支持的可得性。

第五，嘗試將政府研發補貼的一部分用於設立技術創新風險投資損失補償基金，提高政府技術創新補貼的使用效率，同時降低風險投資的進入門檻，對符合一定條件的風險投資進行兜底，提高風險投資的風險容忍度，撬動更多社會資源來服務於技術創新。

第六，創新金融產品與金融服務，探索與實施貸貸聯動、投貸聯動、貸保聯動等金融服務新模式，減少技術創新損失風險，提高金融機構的風險容忍度。

第七，逐步建立全國性的創新創業徵信系統，將優質的創業者和技術創新者區分出來，在其所在公司進行技術創新時予以相應的融資優惠，同時起到防範和緩解技術創新金融支持領域的道德風險的作用。

7.2 未來展望

近年來，中國金融市場上出現了各種類型的金融創新，金融產品愈加豐富，金融機構日益多元化。在為更多的社會資金尋求合理的投資回報的同時，金融體系理應配合供給側改革的推進，實現資源的優化配置。技術創新是供給側改革的核心任務。如何使金融能夠更好地支持技術創新是一個富有現實意義且難度頗高的課題。本書前面所做的研究，也只是從一些角度窺視構建技術創新金融體系的意義，為後來的研究者提供一些研究參考。受限於筆者的科研能力，加之該課題涉及範圍較廣，難以通過簡化的理論模型和實證檢驗闡述清楚所有機理，因而本書不免有諸多疏漏，但這也正是筆者未來研究的方向。具體而言，筆者對未來的展望有如下幾點：

第一，有研究報告指出，北京、上海和廣東憑藉雄厚經濟基礎和人才聚集優勢，在技術創新水準上處於全國前列。鑒於中國存在地區差異的現實情況，如何更好調動區域內金融資源和地區間金融資源來支持本地技術創新，是一個值得深入思考的問題。

第二，建立與現實經濟社會更接近的理論模型，更加全面細緻地研究技術創新的金融支持機理，是一個非常有意義且難度很大的研究方向。可能存在的理論建模方向有：多時期動態規劃模型、多元融資方式模型、多種投資標的模型、變量內生化模型、金融資源約束下的最優化投資模型等。

第三，本書的研究結論表明：金融機構在金融功能上能夠為技術創新提供支持，但金融機構的風險容忍度和技術創新的風險程度並不匹配。那麼，是哪些微觀因素導致了中國技術創新與金融機構之間的弱匹配性呢？研究清楚這個問題，將為中國金融體系全面支持技術創新提供理論依據，從而指導金融實踐。

第四，政策制度的落實比較漫長，如何讓具有信息優勢的傳統銀行仲介機構實現對技術創新的融資支持仍有待進一步的考察。建立多層次資本市場和順暢的升降級轉板退市制度同樣也需要更為細緻的制度設計。在正式出抬政策之前，有必要構建合理的經濟模型來預測政策效果，這也將成為本人後續深化政策研究的方向。此外，在對前面第一個問題的研究基礎上，筆者將提出更有針對性的政策，從而使得不同經濟發展水準地區的企業技術創新水準都有所提高。這也是一個值得探索的研究課題。

參考文獻

AGHION P, VAN REENEN J, ZINGALES L, 2009. Innovation and institutional ownership [R]. New York: National Bureau of Economic Research.

ALLEN F, GALE D, 1999. Diversity of opinion and financing of new technologies [J]. Journal of Financial Intermediation, 8 (1): 68-89.

ALLEN F, GALE D, 2000. Financial contagion [J]. Journal of Political Economy, 108 (1): 1-33.

AMORE M D, SCHNEIDER C, ŽALDOKAS A, 2013. Credit supply and corporate innovation [J]. Journal of Financial Economics, 109 (3): 835-855.

BECK T, LEVINE R, 2002. Industry growth and capital allocation: does having a market-or bank-based system matter? [J]. Journal of Financial Economics, 64 (2): 147-180.

BENCIVENGA V R, SMITH B D, 1991. Financial intermediation and endogenous growth [J]. The Review of Economic Studies, 58 (2): 195-209.

BENHABIB J, SPIEGEL M M, 2000. The role of financial development in growth and investment [J]. Journal of Economic Growth, 5 (4): 341-360.

BREALEY R, LELAND H E, PYLE D H, 1977. Informational asymmetries, financial structure, and financial intermediation [J]. The Journal of Finance, 32 (2): 371-387.

BYGRAVE W D, TIMMONS J A, 1992. Venture capital at the crossroads [M]. Brighton: Harvard Business Press.

CHAVA S, OETTL A, SUBRAMANIAN A, et al., 2013. Banking deregulation and innovation [J]. Journal of Financial Economics, 109 (3): 759-774.

CHEMMANUR T J, LOUTSKINA E, TIAN X, 2014. Corporate venture capital, value creation, and innovation [J]. Review of Financial Studies, 27 (8): 2434-2473.

CORNAGGIA J, MAO Y, TIAN X, et al., 2015. Does banking competition affect innovation? [J]. Journal of Financial Economics, 115 (1): 189-209.

DIAMOND D W, 1984. Financial intermediation and delegated monitoring [J]. The Review of Economic Studies, 51 (3): 393-414.

FANG V W, TIAN X, TICE S, 2014. Does stock liquidity enhance or impede firm innovation? [J]. The Journal of Finance, 69 (5): 2085-2125.

FLORIDA R L, KENNEY M, 1988. Venture capital-financed innovation and technological change in the USA [J]. Research Policy, 17 (3): 119-137.

GREENWOOD J, JOVANOVIC B, 1990. Financial development and economic development [J]. Economic Development and Cultural Change, 15: 257-268.

GU Y, MAO C X, TIAN X, 2014. Bank's Interventions and Firm's Innovation: Evidence from Debt Covenant Violations [J]. Journal of Law and Economics, 69 (8): 1915.

GURLEY J G, SHAW E S, ENTHOVEN A C, 1960. Money in a Theory of Finance [M]. Washington: Brookings Institution.

HALL B H, LERNER J, 2010. The financing of R&D and innovation [J]. Handbook of the Economics of Innovation, 1 (2): 609-639.

HERRERA A M, MINETTI R, 2007. Informed finance and technological change: Evidence from credit relationships [J]. Journal of Financial Economics, 83 (1): 223-269.

HSU P H, TIAN X, XU Y, 2014. Financial development and innovation: Cross-country evidence [J]. Journal of Financial Economics, 112 (1): 116-135.

KING R G, LEVINE R, 1993. Finance and growth: Schumpeter might be right [J]. The quarterly journal of economics (3): 717-737.

KORTUM S, LERNER J, 2000. Assessing the contribution of venture capital to innovation [J]. Rand Journal of Economics, 31 (4): 674-692.

LEVINE R, 1997. Financial development and economics growth views and agenda [J]. Journal of economic literature, 35: 688-726.

LEVINE R, 2005. Finance and growth: theory and evidence [J]. Handbook of economic growth (1): 865-934.

LUONG L H, MOSHIRIAN F, NGUYEN H G L, et al., 2014. Do Foreign Institutional Investors Enhance Firm Innovation? [J]. Kelley School of Business Research Paper (4): 1-42.

MANSO G, 2011. Motivating innovation [J]. The Journal of Finance, 66 (5): 1823-1860.

MERTON R C, BODIE Z, 1995. A conceptual framework for analyzing the financial system [J]. The Global Financial System: A Functional Perspective (8): 3-31.

白欽先, 譚慶華, 2006. 論金融功能演進與金融發展 [J]. 金融研究 (7): 41-52.

白欽先, 2005. 金融結構、金融功能演進與金融發展理論的研究歷程 [J]. 經濟評論 (3): 39-45.

陳帆, 謝洪濤, 2014. 建築技術創新風險的貝葉斯網絡模型分析: 以綠色建築技術創新項目為例 [J]. 計算機工程與應用, 50 (18): 33-38.

陳見麗, 2011. 風險投資能促進高新技術企業的技術創新嗎?——基於中國創業板上市公司的經驗證據 [J]. 經濟管理 (2): 71-77.

陳立泰, 黃仕川, 李正彪, 2010. 金融深化對第三產業結構的影響分析: 基於中國省際面板數據的分析 [J]. 經濟問題探索 (3): 73-79.

陳凌佳, 顧雪娟, 楊劍波, 2008. 中國金融深化與金融發展的現狀研究 [J]. 金融經濟 (9): 12-13.

陳壽雨, 2014. 中小企業創新的風險與績效研究 [D]. 杭州: 浙江大學.

段秉乾, 司春林, 2008. 基於模糊層次分析法的產品創新風險評估模型 [J]. 同濟大學學報(自然科學版), 36 (7): 1002-1005.

龔傳洲, 2012. 科技創新的投融資支持研究 [D]. 南京: 南京大學.

管書華, 劉介明, 李平麗, 2004. 技術創新風險分析的人工神經網絡預測方法 [J]. 科技與管理, 5 (6): 125-127.

郭金玉, 張忠彬, 孫慶雲, 2008. 層次分析法的研究與應用 [J]. 中國安全科學學報, 18 (5): 148-153.

國麗娜, 焦艷玲, 2014. 銀行與技術創新的關係研究綜述及展望 [J]. 科學管理研究 (1): 102-105.

胡大立, 2003. 應用灰色系統理論評價企業競爭力 [J]. 科技進步與對策 (1): 159-161.

黃茂興, 李軍軍, 2009. 技術選擇、產業結構升級與經濟增長 [J]. 經濟研究 (7): 143-151.

江高, 2005. 模糊層次綜合評價法及其應用 [D]. 天津: 天津大學.

靳雲匯, 於存高, 1998. 中國股票市場與國民經濟關係的實證研究: 上 [J]. 金融研究 (3): 40-45.

李建偉, 2005. 技術創新的金融支持：理論與政策 [M]. 上海：上海財經大學出版社.

李遠遠, 2009. 基於粗糙集的指標體系構建及綜合評價方法研究 [D]. 武漢：武漢理工大學.

龍勇, 時萍萍, 2012. 風險投資對高新技術企業的技術創新效應影響 [J]. 經濟與管理研究 (7)：38-44.

盧小賓, 2004. 中國信息企業技術創新風險研究 [J]. 現代圖書情報技術 (10)：77-80.

呂煒, 2002. 論風險投資機制的技術創新原理 [J]. 經濟研究 (2)：48-56.

呂躍進, 2002. 基於模糊一致矩陣的模糊層次分析法的排序 [J]. 模糊系統與數學 (2)：79-85.

苗啟虎, 陳潔, 王方華, 2006. 技術創新融資中的信息不對稱及治理 [J]. 科學學研究, 24 (1)：130-134.

倪正東, 孫力強, 2008. 中國創業投資退出回報及其影響因素研究 [J]. 中國軟科學 (4)：48-56.

歐陽建新, 2001. 現代企業技術創新風險的預警指標體系研究 [J]. 福州大學學報（哲學社會科學版）(3)：98-101.

潘文卿, 李子奈, 劉強, 2011. 中國產業間的技術溢出效應：基於 35 個工業部門的經驗研究 [J]. 經濟研究 (7)：18-29.

錢蘋, 張幃, 2007. 中國創業投資的回報率及其影響因素 [J]. 經濟研究, 5 (78)：90.

青木昌彥, 2001. 比較制度分析 [M]. 週日黎安, 譯. 上海：上海遠東出版社.

瞿強, 2000. 信息經濟學與現代金融理論的發展 [J]. 經濟學動態 (2)：54-58.

世界銀行報告小組, 2001. 金融與增長：動盪條件下的政策選擇 [M]. 北京：經濟科學出版社.

宋哲, 王樹恩, 柳洲, 等, 2010. ANP-GRAP 集成方法在企業技術創新風險評價中的應用 [J]. 科學學與科學技術管理 (1)：55-58.

孫伍琴, 2004. 論不同金融結構對技術創新的影響 [J]. 經濟地理, 24 (2)：182-186.

索貴彬, 趙國杰, 2008. 基於灰色可拓物元模型的企業技術創新風險度量研究 [J]. 科學管理研究, 26 (1)：14-17.

譚冰, 2007. 中小企業產品創新項目風險評價指標體系研究 [J]. 企業家天地 (11)：115-116.

田方軍, 董靜, 2007. 企業技術創新風險的聚類分析: 一項實證研究 [J]. 科技進步與對策, 24 (1): 120-123.

魏守華, 姜寧, 吳貴生, 2010. 本土技術溢出與國際技術溢出效應: 來自中國高技術產業創新的檢驗 [J]. 財經研究, 36 (1): 54-65.

謝科範, 1999. 技術創新的風險因素及其實證分析 [J]. 科技進步與對策, 16 (3): 57-58.

徐志明, 2009. 金融抑制與中小企業融資困境: 基於江蘇省 538 家企業的實證分析 [J]. 金融理論與實踐 (9): 41-44.

袁澤沛, 王瓊, 2002. 技術創新與創新風險的研究綜述 [J]. 經濟學動態 (3): 79-82.

原國紅, 陳劍平, 馬琳, 2005. 可拓評判方法在岩體質量分類中的應用 [J]. 岩石力學與工程學報 (9): 1539-1544.

張杰, 蘆哲, 鄭文平, 等, 2012. 融資約束、融資渠道與企業 R&D 投入 [J]. 世界經濟 (10): 66-90.

趙昌文, 陳春發, 唐英凱, 2009. 科技金融 [M]. 北京: 科學出版社.

鄭文, 2013. 金融發展對中國全要素生產率的影響及其作用機制研究 [D]. 武漢: 華中科技大學.

鄭秀君, 2006. 中國外商直接投資 (FDI) 技術溢出效應實證研究述評: 1994—2005 [J]. 數量經濟技術經濟研究, 23 (9): 58-68.

週日寄中, 薛剛, 2002. 技術創新風險管理的分類與識別 [J]. 科學學研究, 20 (2): 221-224.

週日業安, 1999. 金融抑制對中國企業融資能力影響的實證研究 [J]. 經濟研究 (2): 13-20.

朱歡, 2013. 中國股票市場對上市公司技術創新的作用分析 [J]. 統計與決策 (3): 167-170.

朱歡, 2012. 中國金融發展對企業技術創新的效應研究 [D]. 徐州: 中國礦業大學.

附錄

附錄1：高新技術企業風險調查問卷

尊敬的受訪者：

　　您好！我是西南財經大學的金融學博士研究生，為了深入瞭解中國金融系統對技術創新的支持力度，設計了一份旨在瞭解高新技術企業融資情況的調查問卷，真誠地希望獲得您的幫助，大約占用您20分鐘時間，衷心感謝您的支持與幫助！

　　保密承諾：感謝您參加這次的問卷調查，希望您根據所瞭解的實際情況進行填寫。我們會對您的問卷內容保密，問卷調查結果只用於科學研究的數據統計。

　　除有題型提示外，其餘均為單選題。請在選項前的○或□內打√。

一、企業基本情況

1. 請填寫貴公司所在的省份、城市與地區：

_____

2. 請問貴公司是何年何月成立的？

_____

3. 請問貴公司的組織形式是（按照企業登記註冊類型劃分）：
○ 國有及國有控股　　○ 集體企業　　○ 股份合作企業　　○ 聯營企業
○ 有限責任公司　　　○ 股份有限公司　○ 私營企業
○ 港澳臺投資企業　　○ 外商投資企業　○ 其他_____

4. 按照主導產品劃分，貴公司屬於：

○ 電子信息技術 ○ 生物與新醫藥技術 ○ 航空航天技術 ○ 新材料技術

○ 高技術服務業   ○ 新能源及節能技術   ○ 資源與環境技術

○ 高新技術改造傳統產業   ○ 其他_____

5. 請問貴公司的經營規模為：

○ 大型企業   ○ 中型企業   ○ 小型企業   ○ 微型企業

6. 請問貴公司處於哪個發展時期？

○ 初創期   ○ 成長期   ○ 擴張期   ○ 成熟期

7. 截至 2015 年 8 月，貴公司的職工人數為：

○ 200 人及以上   ○ 100~199 人   ○ 50~99 人   ○ 20~49 人

○ 20 人及以下

二、企業生產經營狀況

8. 貴公司產品或服務

○ 以出口為主   ○ 以內銷為主   ○ 出口和內銷占比差別不大

9. 貴公司上一年度經營狀況

○ 經營勢頭良好   ○ 經營情況正常平穩   ○ 出現 5% 以內的虧損

○ 虧損 5%~20%（含 20%）（中度虧損） ○ 虧損 20% 以上（重度虧損）

○ 停產或半停產

10. 您認為貴公司目前的總體經營狀況：

○ 非常好   ○ 良好   ○ 一般   ○ 不良   ○ 很差

11. 您對目前公司主導產品的市場需求狀況為：

○ 旺盛   ○ 一般   ○ 疲軟

三、企業研發狀況（R&D）

12. 貴公司去年研發投入（R&D）占公司營業收入的比例為：

○ 5% 及以下   ○ 5%~10%（含 10%）   ○ 10%~20%（含 20%）

○ 20%~30%（含 30%）   ○ 30%~40%（含 40%）

○ 40%~50%（含 50%）   ○ 50% 以上

13. 貴公司去年參與研發（R&D）工作的人數占全部職工數的比例為：

○ 5% 及以下   ○ 5%~10%（含 10%）   ○ 10%~20%（含 20%）

○ 20%~30%（含 30%）   ○ 30%~40%（含 40%）

○ 40%~50%（含 50%）   ○ 50% 以上

14. ［矩陣量表題］截至 2015 年 8 月，貴公司參與研發（R&D）人才的最高學歷占比為：

類別	≤10%	>10%~20%	>20%~30%	>30%~40%	>40%~50%
博士學位	○	○	○	○	○
碩士學位	○	○	○	○	○
本科學位	○	○	○	○	○
專科、高職學位	○	○	○	○	○

類別	>50%~60%	>60%~70%	>70%~80%	>80%~90%	>90%
博士學位	○	○	○	○	○
碩士學位	○	○	○	○	○
本科學位	○	○	○	○	○
專科、高職學位	○	○	○	○	○

15. 貴公司近 5 年申請的專利主要是

○ 發明專利　　○ 實用新型專利　　○ 外觀設計專利

16. 貴公司去年申請的專利數為

○ 5 個及以下　　○ 5~10 個（含 10 個）　　○ 10~20 個（含 20 個）

○ 20 個以上

17. 您認為貴公司的研發工作是否有利於提升公司價值

○ 非常有利　　○ 比較有利　　○ 一般　　○ 比較阻礙　　○ 非常阻礙

18. 貴公司目前總體資金狀況

○ 很充裕　　○ 充裕　　○ 正常　　○ 緊張　　○ 很緊張

19. 貴公司資金週轉狀況比去年同期

○ 加快　　○ 持平　　○ 減慢

20. ［多選題］您認為以下哪些原因最可能導致貴公司出現資金緊張：

□ 轉型升級所需資金增加　　□ 企業用工成本增加

□ 企業原材料成本增加　　□ 產成品庫存增多　　□ 研發投入增加

□ 銀行貸款困難　　□ 民間借貸困難　　□ 其他_____

四、企業融資狀況

21. ［多選題］貴公司融資用途為：

☐ 固定資產投資　　　☐ 購買原材料　　　☐ 流動資金週轉

☐ 研發投入或技術改進　☐ 市場推廣　　　☐ 支付經營管理費用

☐ 人才引進　　　　　☐ 其他_____

22. ［矩陣多選題］請根據貴公司的融資情況選擇：

類別	曾經尋找過的融資渠道	成功的融資渠道	當前的主要融資渠道	未來優先選擇的融資渠道
風險投資基金或私募股權基金	○	○	○	○
銀行貸款	○	○	○	○
票據融資（信用證、貼現、承兌、保理保函）	○	○	○	○
信託貸款、委託貸款、銀行信貸理財	○	○	○	○
證券市場股票融資	○	○	○	○
企業債融資	○	○	○	○
財政撥款或政府貸款轉貸	○	○	○	○
民間借貸	○	○	○	○
外商投資	○	○	○	○
境外舉債	○	○	○	○
企業、職工自籌	○	○	○	○
占用客戶資金	○	○	○	○
其他	○	○	○	○

23. 貴公司在尋找與選擇融資渠道時首先考慮的因素是：

○ 獲得資金的難易程度　○ 資金成本　○ 與資金提供者的熟悉程度

○ 資金使用期限　○ 其他_____

24. 貴公司當前最需要的融資類型為：

○ 一年以上的中長期資金　　○ 短期流動資金

○ 追加資本金（如用於降低負債率等）　○ 其他_____

25. 與去年同期相比，您認為當前融資難度變化是：

○ 變難　　○ 差不多　　○ 變易

26. ［多選題］您認為融資變難的主要原因是：
□ 宏觀經濟環境惡化　　　□ 金融機構規模限制
□ 利率水準過高，企業承受力不足
□ 融資手續繁瑣，企業無法滿足相關條件
□ 企業自身經營狀況變差　　□ 其他原因 _____

27. 貴公司近期有無向銀行申請貸款：
○ 是　　○ 否

28. ［多選題］貴公司獲得銀行融資的主要原因是：
□ 同意增加本企業在該銀行的存款　　□ 企業非現金資產為抵押品
□ 個人資產為抵押品　　　　　　　　□ 供應商或客戶擔保
□ 保險公司擔保　　　　　　　　　　□ 擔保公司擔保
□ 本企業信譽良好　　　　　　　　　□ 本企業產品市場前景好
□ 其他_____

29. 銀行是否能滿足貴公司的貸款需求？
○ 能　　○ 不能

30. ［多選題］您認為，銀行沒能滿足貸款請求的主要原因是：
□ 經營狀況欠佳　　　□ 信用等級低　　　□ 財務狀況欠佳
□ 擔保、抵押不落實　　□ 申請貸款項目的風險較大
□ 企業的所有制性質　　□ 企業規模　　□ 仲介評估費用較高
□ 銀行內部資金緊張　　□ 銀行內部貸款管理權限有限
□ 缺乏對信貸人員激勵與約束機制　　□ 貸款緊縮
□ 貸款利率過高　　　□ 其他_____

31. 貴公司從銀行獲得融資的難易程度為：
○ 非常困難　　○ 比較困難　　○ 比較容易　　○ 非常容易

32. 貴公司獲得銀行融資的綜合成本的年息為：
○ 6%~10%（含10%）　　○ 10%~15%（含15%）　　○ 15%~20%（含20%）
○ 20%~25%（含25%）　　○ 25%~30%（含30%）　　○ 30%以上

33. 貴公司從銀行獲得融資支持後的償還情況是：
○ 大部分能夠按期償還　　○ 大部分需要展期後償還
○ 只能部分償還　　○ 不能償還

34. ［多選題］若要進一步加大對企業貸款支持，您認為目前比較需要的是：
□ 提高企業內部管理水準，增強企業的持續經營能力
□ 進一步加強擔保機構建設　　□ 進一步完善徵信體系建設
□ 完善對信貸人員的激勵與約束機制　　□ 增加新的貸款品種
□ 簡化貸款程序，縮短貸款審批時間
□ 增加基層商業銀行的貸款管理權限
□ 強化仲介服務的法律責任

35. ［多選題］未向銀行申請貸款的主要原因：
□ 經營狀況欠佳　　□ 信用等級低　　□ 財務狀況欠佳
□ 擔保、抵押不落實　　□ 仲介評估費用較高　　□ 企業規模
□ 自有資金充足　　□ 貸款利率過高
□ 已通過市場融資或風險投資基金或政府貸款轉貸資金
□ 其他_____

36. 貴公司是否獲得過風險投資或私募融資？
○ 是　　○ 否

37. ［多選題］貴公司獲得風險投資或私募融資的主要原因是：
□ 本企業產品市場前景好
□ 本企業在產品服務、生產流程和公司管理結構方面具有獨創性
□ 本企業具有優秀的創業團隊　　□ 其他_____

38. 貴公司與風險投資或私募基金在融資過程中誰更主動？
○ 貴公司　　○ 風險投資或私募基金

39. 風險投資或私募基金能否滿足貴公司的融資需求？
○ 是　　○ 否

40. ［多選題］風險投資或私募基金未能滿足貴公司融資需求的主要原因是：
□ 經營狀況欠佳　　□ 財務狀況欠佳　　□ 當前進行的項目風險較大
□ 行業風險較大　　□ 企業規模小　　□ 風險投資或私募內部資金緊張
□ 其他_____

41. 貴公司從風險投資或私募基金融資的難易程度為：
○ 非常苦難　　○ 比較困難　　○ 比較容易　　○ 非常容易

42. 您認為目前政府出抬的解決高新技術企業融資難政策是否有效？

○ 十分有效　　○ 有一定作用　　○ 基本沒作用　　○ 完全沒作用

43. 在獲得資金支持後如何控制項目風險？投資方或借款方是否會參與項目進程，如何參與項目進程？

_____

44. 當前主要面臨哪些困難或發展上的瓶頸？這些困難中有哪些是能夠通過資金支持得以解決的？

_____

五、回訪

45. 為了完善問卷並保證信息質量，我們可能會對您進行回訪，請問您是否能夠接受？

○ 是　　○ 否

46. 若回訪，請問您一般在哪個時間段比較方便？

○ 上午_____　　○ 中午_____

○ 下午_____　　○ 晚上_____

47. 請問以哪種形式進行回訪對您來說比較方便？

○ 面訪_____　　○ 電話訪問_____

○ 短信或微信訪問_____　　○ 電子郵件_____

○ 其他方式_____

提示：請在橫線上填寫聯繫方式。

附錄 2：銀行、風險投資與私募基金調查問卷

尊敬的受訪者：

您好！我是西南財經大學的金融學博士研究生，為了深入瞭解中國金融系統對技術創新的支持力度，設計了一份旨在瞭解高新技術企業融資情況的調查問卷，真誠地希望獲得您的幫助，大約佔用您 20 分鐘時間，衷心感謝您的支持與幫助！

保密承諾：感謝您參加這次的問卷調查，希望您根據所瞭解的實際情況進行填寫。我們會對您的問卷內容保密，問卷調查結果只用於科學研究的數據統計。

除有題型提示外，其餘均為單選題。請在選項前的○或□內打√。括號中若註明「銀行」，該題僅由銀行作答；若註明「風險投資和私募基金」，則僅由風險投資或私募基金作答；若未註明「銀行」或「風險投資和私募基金」，則銀行、風險投資和私募基金均需要作答。

第一部分　金融機構基本情況

1. 貴行（公司）名稱：

　　_____

2. 貴行（公司）所在城市：

　　_____

3. 貴行（公司）屬於：（銀行）
   ○ 政策性銀行　　○ 國有商業銀行　　○ 股份制商業銀行
   ○ 城市商業銀行、城市信用社　　○ 外資銀行
   ○ 農村商業銀行、農村合作銀行、農村信用社聯社和農村合作互助社
   ○ 村鎮銀行　　○ 小額貸款公司　　○ 其他 _____

4. 貴行（公司）總資產規模處於哪一區間？（銀行）
   ○ 200 億元及以下　　○ 200 億~500 億元（含 500 億元）
   ○ 500 億~1,000 億元（含 1,000 億元）　　○ 1,000 億元以上

5. 貴公司管理資金規模處於哪一區間？（風險投資和私募基金）
   ○ 50 億元及以下　　○ 50 億~100 億元（含 100 億元）
   ○ 100 億~200 億元（含 200 億元）　　○ 200 億元以上

第二部分　高新技術企業貸款（投資）業務概況

6. 貴行（公司）是否位於所在市（縣）高新區、科技園區或相關規劃區？
　○ 是　　○ 否

7. 貴行（公司）是否以對高新技術企業貸款（投資）業務為主導業務？
　○ 是　　○ 否

8. 貴行（公司）近三年平均每年會向多少家企業放貸（投資）？
銀行：○ 50 家及以下　　○ 50~100 家（含 100 家）
○ 100~500 家（含 500 家）　　○ 500 家以上
風險投資和私募基金：○ 5 家及以下　　○ 5~10 家（含 10 家）
○ 10~20 家（含 20 家）　　○ 20 家以上

9. 其中高新技術企業業務占多大比例？
銀行：○ 0~5%（含 5%）　　○ 5%~10%（含 10%）　　○ 10~15%（含 15%）
○ 15% 以上
風險投資和私募基金：○ 0~20%（含 20%）　　○ 20%~40%（含 40%）
○ 40%~70%（含 70%）　　○ 70% 以上

10. 這個比例在同行業中處於什麼水準？
　○ 很低　　○ 較低　　○ 中等　　○ 較高　　○ 很高

11. 貴行（公司）上年度貸款餘額在哪個區間？（銀行）
○ 20 億元及以下　　○ 20 億~50 億元（含 50 億元）
○ 50 億~80 億元（含 80 億元）　　○ 80 億元以上

12. 貴公司近三年平均每年有多大的投資規模？（風險投資和私募基金）
○ 2 億元及以下　　○ 2 億~5 億元（含 5 億元）
○ 5 億~10 億元（含 10 億元）　　○ 10 億元以上

13. 其中高新技術企業業務大約占多大比例？
銀行：○ 0~5%（含 5%）　　○ 5%~10%（含 10%）
○ 10%~15%（含 15%）　　○ 15% 以上
風險投資和私募基金：○ 0~20%（含 20%）　　○ 20%~40%（含 40%）
○ 40%~70%（含 70%）　　○ 70% 以上

14. 這個比例在同行業中處於什麼水準？
　○ 很低　　○ 較低　　○ 中等　　○ 較高　　○ 很高

15. 貴行（公司）開展高新技術企業貸款業務有多少年的經驗？
○ 3 年及以下　　○ 3~5 年（含 5 年）　　○ 5~10 年（含 10 年）
○ 10 年以上

16. 針對高新技術企業信貸融資活動，您認為一般誰更主動些？
○ 商業銀行等金融機構（風險投資機構或私募基金）
○ 高新技術企業主動上門

17. 目前，高新技術企業在貴行（公司）申請較多的貸款品種為：（銀行）
☐ 六個月以內（含六個月）的貸款　　☐ 一年以內（含一年）的貸款
☐ 一年至五年（含五年）的貸款　　☐ 五年以上的貸款
☐ 流動資金貸款　　☐ 固定資金貸款
☐ 科技開發貸款　　☐ 專項貸款
☐ 其他＿＿＿＿＿＿

18. 目前，高新技術企業在貴行（公司）申請成功較多的貸款品種為：（銀行）
☐ 六個月以內（含六個月）的貸款　　☐ 一年以內（含一年）的貸款
☐ 一年至五年（含五年）的貸款　　☐ 五年以上的貸款
☐ 流動資金貸款　　☐ 固定資金貸款
☐ 科技開發貸款　　☐ 專項貸款
☐ 其他＿＿＿＿＿＿

19. 目前，貴公司投入高新技術企業最多的為哪種類型的資金？（風險投資和私募基金）
○ 種子資本　　○ 導入資本　　○ 發展資本　　○ 風險併購資本
○ 其他＿＿＿＿＿＿

20. 在過去 5 年中，貴行（公司）對於高新技術企業的貸款業務利潤（投資收益）比預期如何？
○ 遠未達到預期　　○ 與預期基本持平　　○ 遠超出預期

21. 近 5 年來，貴行（公司）對於高新技術企業的貸款（投資）業務發展水準如何？
○ 高速正增長　　○ 低速正增長　　○ 基本無變化　　○ 低速負增長
○ 高速負增長

22. 相比於其他貸款（投資）業務，高新技術企業貸款平均獲利水準如何？
○ 遠高於其他業務　　○ 較高於其他業務　　○ 與其他業務持平
○ 較低於其他業務　　○ 遠低於其他業務

第三部分　行業與公司篩選、風險評估與風險控制

23. 貴行（公司）當前重點關注哪些高新技術行業？
□ 電子信息技術　　□ 生物與新醫藥技術
□ 航空航天技術　　□ 新材料技術
□ 高技術服務業　　□ 新能源及節能技術
□ 資源與環境技術　□ 高新技術改造傳統產業
□ 其他_____

24. [排序題，請在中括號內依次填入數字] 為什麼關注這些行業？
[　] 行業發展前景好
[　] 政府扶持力度大
[　] 自身（風險投資或私募基金）在該行業有充足的經驗累積

25. 相比於其他行業，從同一高新技術行業篩選有貸款（融資）需求的企業時，更側重於考量哪類指標？
○ 財務指標　　○ 非財務指標　　○ 同等關注

26. [排序題，請在中括號內依次填入數字] 以下財務指標的關注度排序為：
[　] 償債能力指標
[　] 營運能力指標
[　] 盈利能力指標
[　] 發展能力指標
[　] 現金流量指標
[　] 財務結構指標

27. [排序題，請在中括號內依次填入數字] 以下非財務指標的關注情況排序是：
[　] 所處行業地位
[　] 所在行業發展前景（市場特徵）
[　] 企業經營管理水準
[　] 企業經營者自身素質（企業家或團隊特徵）
[　] 產品（服務或技術）特徵

28. 相比於其他行業，在高新技術企業領域內，篩選有貸款（融資）需求的企業時，更關注處於哪個發展階段的企業？
○ 初創期　　○ 成長期　　○ 擴張期　　○ 成熟期　　○ 其他_____

29. 就單個貸款（融資）項目而言，貴行（公司）傾向於把資金投向
　　○ 大企業、大項　　　○ 大企業、小項目　　○ 中小企業、大項目
　　○ 中小企業、小項目　○ 其他_____

30. ［多選題］已獲得貸款的項目如何進行風險控制，重點關注哪些方面？（最多選 4 項）（銀行）
　　□ 依合同約定歸還貸款本息情況
　　□ 借款人有無騙取銀行信用的行為
　　□ 借款人分立、合併、解散和破產等影響還款能力的因素變化情況
　　□ 保證人保證資格和保證能力變化情況
　　□ 抵（質）押物保管及其價值變化情況
　　□ 有關合同及相關資料的完整性與有效性，有無與法律、法規和制度相抵觸，需要變更、修改和補充的
　　□ 貸款用途
　　□ 貸款資產風險程度、變化情況及趨勢
　　□ 貸款人的現金流量分析表、資產負債表等財務報表
　　□ 其他_____

31. ［多選題］已獲得資金的項目如何在項目進行過程中進行風險控制，重點關注哪些方面？（最多選 4 項）（風險投資和私募基金）
　　□ 被投資人有無詐欺行為
　　□ 被投資人分立、合併、解散和破產等情況
　　□ 有關合同及相關資料的完整性與有效性，有無與法律、法規和制度相抵觸，需要變更、修改和補充的
　　□ 投資資金用途
　　□ 項目進度及變化
　　□ 企業資產風險程度、變化情況及趨勢
　　□ 企業的現金流量分析表、資產負債表等財務報表
　　□ 其他_____

32. 貴行（公司）對於高新技術企業貸款（資金）的主要發放（投入）方式有哪些？
　　○ 一次性支付　○ 分階段支付　○ 依據具體項目進度分階段支付
　　○ 其他_____

33. 目前，貴行（公司）給高新技術企業貸款時，抵押物的抵押率是多少？（銀行）

○ 0.5 及以下　　○ 0.5~0.6（含 0.6）　　○ 0.6~0.7（含 0.7）
○ 0.7~0.8（含 0.8）　　○ 0.8 以上

34. 相比於貴行（公司）還貸狀況的平均水準，其中高新技術企業的還貸狀況如何？（銀行）
　　○ 遠差於平均水準　　○ 較差於平均水準　　○ 與平均水準持平
　　○ 較優於平均水準　　○ 遠優於平均水準

35. ［多選題］目前，貴公司投資高新技術企業嘗試過哪些退出機制？（風險投資和私募基金）
　　□ 首次公開發行　　□ 買殼上市　　□ 兼併收購
　　□ 回購（包括公司回購和管理層回購）　　□ 清算
　　□ 股權協議轉讓　　□ 其他_____

36. ［多選題］貴行（公司）對企業貸款申請未滿足的主要原因是：（最多選 3 項）（銀行）
　　□ 企業經營管理的總體水準欠佳　　□ 貸款申請企業信用狀況差
　　□ 企業的財務狀況欠佳　　□ 申請貸款項目的風險較大
　　□ 企業擔保、抵押不能落實　　□ 企業的所有制性質（民營）
　　□ 企業規模太小　　□ 貴行（公司）內部資金緊張
　　□ 貴行（公司）內部貸款管理權限有限　　□ 利率水準不能覆蓋貸款損失
　　□ 缺乏對信貸人員激勵與約束機制　　□ 貸款緊縮
　　□ 其他_____

37. ［多選題］高新技術企業未能獲得貴公司投資的主要原因是：
　　○ 企業經營管理的總體水準欠佳　　○ 所在行業經營風險較大
　　○ 企業的財務狀況欠佳　　○ 申請融資項目的風險較大
　　○ 非政府扶持行業　　○ 企業的所有制性質
　　○ 企業規模　　○ 貴公司內部資金緊張
　　○ 其他_____

38. 您認為高新技術企業在融資時，企業本身需做好哪些方面？
銀行：
　　○ 做大企業規模　　○ 提高業務盈利水準
　　○ 完善企業財務制度　　○ 提供有效的抵押品
　　○ 披露完備的企業信用信息　　○ 其他_____
風險投資和私募基金：
　　○ 做大企業規模　　○ 提高業務盈利水準

○ 披露完備的企業信用信息　　○ 實際控制人豐富的經驗
○ 完善的管理規程和財務制度　　○ 明確的發展戰略
○ 其他_____

39. ［多選題］除貸款外，貴行（公司）還採取了以下哪些措施支持企業？
（銀行）

○ 委託貸款
○ 開展信託項目
○ 開發理財產品（僅指對企業提供資金支持的理財產品）
○ 開展融資租賃
○ 其他_____

40. 在對高新技術企業發放貸款過程中，貴行（公司）以什麼標準和方法來衡量自身的風險容忍？

_____

提示：開放式問題，列點即可。

41. ［填空題］當前工作中還存在哪些難處或突出矛盾？出現這些問題的源頭或癥結可能在哪裡？是否有存在可能的解決方案？

_____

提示：開放式問題，列點即可。

第四部分　回訪

42. 為了完善問卷並保證信息質量，我們可能會對您進行回訪，請問您是否能夠接受？

○ 是　　○ 否

43. 若回訪，請問您一般在哪個時間段比較方便？

○　上午　　○　中午
○　下午　　○　晚上

44. 請問以哪種形式進行回訪對您來說比較方便？

○ 面訪_____　　○ 電話訪問_____
○ 短信或微信訪問_____　　○ 電子郵件_____
○ 其他_____
提示：請在橫線上填寫聯繫方式。

附錄3：技術創新橫向風險的經濟含義

一、環境風險

環境風險可以分為經濟風險和政策風險。

（1）經濟風險。

X_1：宏觀經濟發展形勢。該因素用來表徵宏觀經濟環境的一種不確定性。每一個企業都是宏觀經濟中微不足道的一分子，而眾多企業的行為加總則形成了宏觀經濟。所以，宏觀經濟環境對企業來說是不可控制的，這種宏觀經濟環境因素對企業產生了強烈的外在作用。此外，宏觀經濟環境的改變會對後面將要討論的政府政策因素和市場環境因素產生一定影響。宏觀經濟環境趨好，經濟上行，會在一定程度上減弱企業進行技術創新的風險。只要企業通過技術創新實現了產品的更新換代，在消費需求上升時，總會有更多消費者買單，從而降低了企業技術創新後被市場認可的風險。

此外，當宏觀經濟環境變差時，金融系統運行會出現更大的摩擦，銀行呆帳、壞帳率會提高，這將不利於企業進行技術創新。我們對高新技術企業所做的調查問卷結果顯示，在企業進行高強度的研發投入時，一旦遇到宏觀經濟趨緊，銀行很可能會抽貸來降低風險。即使企業有望技術創新成功，銀行的這種抽貸行為也會給企業的技術創新帶來嚴重的負面影響。最終，企業可能由於資金的缺乏而技術創新失敗。因此，下行的宏觀經濟因素將加大企業技術創新風險。

X_2：利率匯率水準。利率和匯率是重要的經濟變量，市場化的利率匯率水準不僅是宏觀經濟政策制定的依據，是反應經濟體運行狀況的指標，同樣也影響著企業的創新決策和創新活動成果。利率水準影響到資本市場預期投資回報率，從而決定了企業創新項目的融資成本和風險水準。在同樣的投資前景下，過高的利率水準可能使企業財務負擔過重而減少投資支出甚至放棄創新投資計劃。業務範圍為原材料、機器、設備產品、技術跨境貿易及中外資本合作的企業，相關市場匯率變動將對其創新成本和經濟效益產生重要影響。由於目前國內缺乏進行利率和匯率風險對沖的工具，因而企業在短期內無法避免利率和匯率的風險，因此，利率匯率波動將加大企業創新風險。

X_3：物價水準。物價水準同樣會影響企業的投入產出品價格，進而影響企業創新項目的財務效益和經濟效益。

X_4：資本市場發展程度。資本市場發展和完善程度將在很大程度上影響企業創新項目的融資能力及資本退出風險。

（2）政策風險。

X_5：國家政策與法律法規。國家出於一定的經濟目的制定的各項針對高新技術企業的政策和法律法規對高新技術企業的創新活動和創新成果有著重要的影響，如稅收政策、信貸政策、知識產權保護法律、風險補償制度、創新立項審批制度等。

X_6：國家對高新產業規劃。若企業的創新項目與國家一定時期的產業規劃相適應、受國家政策支持，能獲得更多的政策優惠，那麼其技術創新風險相對較低。相反，若企業的創新項目與國家一定時期產業目標相背離，那麼其創新活動將受到限制，其技術創新風險也相對較高。

二、市場風險

市場風險可以分為市場競爭風險、市場者需求風險、市場開拓風險。

（1）市場競爭風險。

X_7：競爭對手數量。企業創新產品市場的競爭對手數量越多，其承受的市場不確定性越大，其提升產品服務質量、改進升級產品技術、加強技術合作、加大營銷力度的需求越迫切。激烈的市場競爭不僅直接影響創新產品的經濟效益，同時會加速技術的更替，降低企業創新技術的先進性和獨有性，加大企業創新項目的技術風險。

X_8：競爭對手實力。如果企業創新產品市場的競爭對手數量眾多，但由於技術壁壘或資源壟斷，多數企業競爭實力不足，淘汰率高、存活率低，那麼它們不能對某些優勢企業構成太大的威脅。相反，如果市場上的競爭對手實力強大，形成技術或資源壟斷，企業將面臨強大的競爭壓力，其創新投入的經濟效益面臨極大的不確定性。

X_9：競爭對手不正當競爭行為。競爭對手的不正當競爭行為是企業無法預計而又普遍存在的。不正當競爭手段從假冒偽劣、商業賄賂、惡意的價格戰到侵犯商業秘密等，都會大大增加企業的技術創新風險。

X_{10}：進口產品衝擊。隨著經濟全球化的發展，國家之間的貿易壁壘逐漸被打破，資源的全球化配置得以更好實現，資本的國際化流動加速，跨國貿易數量逐年遞增。除了國內市場以外，開放經濟中的企業還面臨這來自國際市場的競爭壓力。對於受國家保護的民族行業而言，企業所面臨的進口產品市場衝擊很小；而對於開放競爭行業而言，企業面臨國內外的雙重競爭壓力，進口產

品的市場衝擊較大，技術創新風險因此增大。

（2）市場需求風險。

X_{11}：市場需求變動。它主要是指消費者的購買行為與購買傾向發生不利於高新技術企業技術創新產品未來的市場變現能力的非預期變動。對於可替代性比較強、市場競爭充分、研發週期長的產品，企業所面臨的該類風險較高，其對企業的技術創新風險影響更大。而敏銳的市場洞察力和研判能力、充分的市場調查和健全的反饋機制、強大的市場營銷能力和企業品牌影響力可以通過適應和引導消費者需求減弱該風險。

X_{12}：消費者對競爭對手產品依賴度。消費者對競爭對手產品的依賴主要是因為消費者使用習慣，或用戶熟悉了原有某一品牌產品的操作方式而不願意學習和適應新操作技能而更換產品，或者用戶廠商與另一廠商有長期協作關係，因合同約定而在短期內不會購買新產品。

（3）市場開拓風險。

X_{13}：企業信譽與知名度。企業信譽與知名度作為無形產品是消費者進行消費選擇的重要參考依據。較高的企業知名度和良好的企業信譽有助於形成品牌號召力，在企業推出新產品或者面向新市場時，能夠使其產品迅速進入市場，從而大大降低企業的市場風險。

X_{14}：營銷人員能力、素質和積極性。企業的創新產品是否能順利進入市場，取得消費者的認可很大程度取決於產品的營銷技術的高低，營銷方案的制訂和執行都依賴於營銷人員的能力、素質和積極性。好產品如果缺乏有效的市場推廣仍然難以獲得市場認可。

X_{15}：廣告及促銷。廣告及促銷對產品迅速打入市場起著至關重要的作用。好的廣告文案和有效促銷方案幫助企業在競爭激烈、產品同質化嚴重和技術更替快的市場中爭取到相對穩定的市場份額。

X_{16}：產品定位。合理的產品定位需要企業的定價策略充分考慮新產品所屬行業及市場需求特徵，確定恰當的目標消費人群。如果產品定價不合理，則難以打開市場，將加大企業的市場風險。

X_{17}：銷售網絡模式。銷售網絡模式即銷售網絡的構成和運行方式。良好的銷售網絡模式能極大提高企業的產品銷售速度，迅速打開產品市場，擴大銷量，提高企業的市場競爭力，從而降低企業技術創新所面臨的市場風險。

三、技術風險

技術風險包括技術人員風險、研究開發風險、生產開發風險和產品風險。

(1) 技術人員風險。

X_{18}：研發人員實力。研發人員是企業技術創新活動的主體，研發人員的實力直接影響企業創新的技術風險和產品風險。研發人員的實力越強，技術的先進性、成熟度越有保障，產品的質量、性能越穩定，新產品達到研發計劃要求的可能性越高，因此，研發人員較強的研發能力能降低企業技術創新風險，提高技術研發成功概率。

X_{19}：技術人才流失。技術人才的稀缺性使得激烈的市場競爭演變為技術人才的競爭。為了提高創新成功率，開發具有先進性、成熟性的技術產品，快速占領市場，提高企業競爭力，各企業都在積極吸引技術人才加入。若企業沒能留住人才（可能是由於企業的薪酬制度、企業文化等因素），被競爭對手挖角，將極大削弱企業的競爭優勢，增加其技術創新風險。

(2) 研究開發風險。

X_{20}：技術難度與複雜性。技術難度與複雜性會直接影響研發成功率。技術難度與複雜性過高，實現難度大，研發成功的可能性相對更低，對技術人員的研發能力要求也越高，企業技術創新風險也會增加。

X_{21}：技術成熟度。技術成熟度受技術難度、技術人員研究能力影響，與技術發展階段有關。在技術發展初期，技術成熟度相對較低。技術成熟度具有傳導效應，技術不成熟的風險將會傳導給生產階段和市場化階段，增加企業所面臨的生產階段風險、產品風險和市場風險。

X_{22}：技術先進性。技術先進性決定了技術的獨有性，先進技術可以降低產品的可替代性，使企業在激烈的市場競爭中保持競爭優勢。生產技術先進性還能極大改善企業的生產狀況，降低生產成本和提高產量的同時控制產品質量，從而提高技術創新的經濟效益，降低技術創新風險水準。

X_{23}：專利保護程度。專利保護程度的高低決定了企業技術研發成果能否給產生持續的經濟效益。在激烈的市場競爭中，一旦專利技術保護不力，企業的研發技術很可能在短時間內被其他競爭對手通過不正當競爭行為盜用或者模仿，企業將因此失去該項技術的獨占性從而失市場競爭優勢，其技術創新成果也就無法為企業帶來經濟收益。

X_{24}：技術開發資源保障。技術研發需要有相應人力、物力和財力的持續投入。只有保障各項資源的供應，技術研發過程才能順利進行。

(3) 生產開發風險。

X_{25}：生產資源供應。技術向產品轉換的生產過程需要有持續充足的人力、財力和物力的投入。資源供應不足會導致生產中斷，將嚴重影響創新實現

過程。

X_{26}：設備、儀器適應性。新技術投產要求生產設備與之相適應。創新研發技術往往會對生產設備提出更高的技術要求。舊設備如果無法滿足新技術的生產要求就需要對其進行改良，有時甚至需要更換新設備。這將增加企業的創新投入。

X_{27}：工人素質、能力與激勵。工人是實現創新技術向產品轉變的主體，工人素質、能力影響著企業的勞動生產率。有效的激勵制度是激發工人生產潛力，提高其工作積極性的關鍵因素。同時，它也是市場經濟中留住高素質工人的重要手段。

X_{28}：生產成本控制。生產成本影響企業創新活動的經濟效益。企業可以通過引進先進設備、改進生產工藝和流程、改善經營管理有效控制生產成本，降低生產階段的風險。

（4）產品風險。

X_{29}：產品質量與性能。企業技術創新產品的質量與性能會影響產品市場化進程。產品的質量與性質不能滿足市場需求會影響該產品本身的銷售。此外，嚴重的產品質量問題還會損害企業的信譽和品牌價值，對企業未來的發展產生不利影響。

X_{30}：產品對企業現有產品具有替代性。如果企業研發的新產品對現有產品具有一定替代性，那麼新產品進入市場將會引發新產品與原有產品的資源與市場競爭，從而對原有產品的市場佔有率及盈利能力帶來不利影響。

X_{31}：產品進入目標市場能力。產品的質量和性能、市場的競爭程度、地方法規和政策、消費者需求特徵等因素都會影響到企業的技術創新產品進入目標市場的難易程度。產品能否搶占先機迅速打開目標市場將會影響到企業技術創新活動的經濟效益和風險水準的高低。

X_{32}：產品生命週期。產品生命週期包括技術生命週期、經濟生命週期。產品的技術生命週期受技術可替代性影響。產品經濟生命週期受市場競爭的激烈程度的影響。產品生命週期會影響企業技術創新成果的持續盈利能力和創新活動的風險水準。

X_{33}：產品可替代性。產品生產技術越先進、研發難度和複雜度越高、技術獨有性越高，產品的技術壁壘也就越高，這可以保障企業在一時期內的技術獨占性，降低產品可替代風險，保證創新產品的盈利的實現。

四、管理風險

管理風險包括決策者素質風險、組織風險和社會關係風險。

（1）決策者素質風險。

X_{34}：決策者知識水準。決策者的知識水準影響企業創新發展戰略的實施過程。創新發展戰略是否與企業特徵、國家產業規劃、市場發展趨勢相適應，戰略實施過程是否可行、高效、經濟，與決策者的知識、經驗、膽略密不可分。企業的創新發展戰略對企業創新活動起著指導性作用，實施計劃的正確與否則決定著創新活動能否有效落實，因此，決策者知識水準的高低對企業創新活動的成敗起著至關重要的作用。

X_{35}：決策者的市場和技術信息敏感度。決策者能否做出正確決策不僅取決於其知識水準，還取決於其對市場和技術的信息敏感度。豐富的知識和管理經驗能幫助決策者降低企業技術風險，但對外部環境、市場風險等的把握，則依賴於決策者對外部信息的敏感度及信息處理能力。決策者應充分考慮並且善於捕捉最新市場和技術信息，以對計劃進行動態調整，從而降低企業的技術創新風險。

X_{36}：決策者對待創新的態度。決策者積極的創新態度有助於消除企業內部對創新的抵制。決策者的創新態度也體現了其對創新風險的容忍度。創新研發活動要求持續的資源投入。決策者對創新風險的容忍度的高低決定了創新活動能否持續。

（2）組織風險。

X_{37}：內部信息傳遞效率。組織內部信息傳遞低效將不利於快速決策，降低信息時效性，提高信息失真和信息污染概率，為企業管理活動帶來很大困難，從而增加企業技術創新風險。

X_{38}：組織協調與實施能力。組織協調與實施能力將影響企業研發和生產經營各環節的效率，進行影響企業創新活動進程。

（3）社會關係風險。

X_{39}：社會關係資源。企業社會關係資源是指企業與上下游企業、金融機構、科研機構、諮詢評估機構、媒體、當地政府等建立的社會關係網絡。社會關係網絡越廣，企業的信息來源渠道越多，越有利於企業做出正確的判斷和決策。企業之間或企業與機構之間形成廣泛合作關係，有助於提高企業創新成功率。

X_{40}：公關危機處理能力。公關危機是指企業對由於組織自身或組織外部社會環境中某些突發事件處理不當而引起的對組織聲譽及相關產品帶來負面影響的現象。如果企業化解公關危機的能力不足，不能及時有效地處理企業與媒體、企業與消費者的關係，維護企業聲譽，那麼企業會遭受重大損失。

五、財務風險

財務風險包括資金實力風險、融資風險、資金營運風險。

(1) 資金實力風險。

X_{41}：資金實力風險。企業資金實力對企業技術創新成功率有著至關重要的作用。資金實力雄厚的企業能為創新項目提供充足的資金支持，保障創新活動持續進行。資金實力雄厚的企業有能力進行組合投資而使技術創新風險得到分散；而資金實力弱的企業的創新技術研發過程可能會因為受到資金限制而無法順利進行，新產品也可能因為缺乏資金支持而難以取得良好的市場效果。

(2) 融資風險。

X_{42}：融資渠道不足。企業的融資能力大小決定了其在營運過程中是否有充分的資金供應。企業融資渠道不足將削弱其融資能力，加大技術創新風險。

X_{43}：取得長期借款能力。企業的創新研發活動通常需要長期持續的資金支持。若企業取得長期借款的能力不足，一旦短期融資中斷，而企業又無法通過內部融資滿足研發及生產需求，將極大增加技術創新風險。

X_{44}：持續融資能力。在企業無法獲得長期借款的情況下，持續的短期借款、股權融資將為企業創新活動提供主要外部資金支持。企業的持續融資能力越強，其技術創新面臨的財務風險越小。

(3) 資金營運風險。

X_{45}：流動性風險。流動性風險是指企業資產變現能力和償付能力風險。企業一旦陷入流動性風險同時又無法通過短期借款及時補充，這將對創新活動造成極大的影響。流動性不足影響企業償債能力，如果企業因此發生債務違約，將影響企業融資能力。因此，流動性風險不僅會嚴重影響企業目前的技術創新活動，對企業未來的創新技術改進、創新產品升級和市場推廣都會造成不利影響。

X_{46}：盈利能力風險。企業技術創新活動不僅需要充足的外部資金支持，更需要企業內部不斷融資。企業內部融資能力主要體現在其盈利能力上。若企業盈利能力不強，內部現金流不充裕，那麼它在面臨外部融資困境時無法通過內部現金流及時滿足技術創新活動的資金要求。因此，企業的盈利能力將對其技術創新的成功率產生重要影響。

附錄 4：風險評價指標調查問卷

尊敬的受訪者：

您好！我是西南財經大學的金融學博士研究生，為深入瞭解中國金融系統對技術創新的支持力度，設計了一份旨在瞭解高新技術企業所面臨風險的調查問卷，真誠地希望獲得您的幫助，大約占用您 20 分鐘時間，衷心感謝您的支持與幫助！

保密承諾：感謝您參加這次的問卷調查，希望您根據所瞭解的實際情況進行填寫。我們會對您的問卷內容保密，問卷調查結果只用於科學研究的數據統計。我們將會把問卷的整體調研結果以報告形式反饋至您提供的郵箱中。

1. ［填空題］［必答題］貴公司註冊所在地：
_____

2. ［單選題］［必答題］貴公司目前從事的主營行業：
- ○ 快速消費品（食品/飲料/化妝品）
- ○ 批發/零售
- ○ 服裝/紡織/皮革
- ○ 家具/工藝品/玩具
- ○ 教育/培訓/科研/院校
- ○ 家電
- ○ 通信/電信營運/網絡設備/增值服務
- ○ 製造業
- ○ 餐飲/娛樂/旅遊/酒店/生活服務
- ○ 汽車及零配件
- ○ 辦公用品及設備
- ○ 會計/審計
- ○ 法律
- ○ 電子技術/半導體/集成電路
- ○ 銀行/保險/證券/投資銀行/風險基金
- ○ 儀器儀表/工業自動化
- ○ 貿易/進出口
- ○ 機械/設備/重工
- ○ 制藥/生物工程/醫療設備/器械
- ○ 醫療/護理/保健/衛生
- ○ 廣告/公關/媒體/藝術
- ○ 出版/印刷/包裝
- ○ 房地產開發/建築工程/裝潢/設計
- ○ 物業管理/商業中心
- ○ 仲介/諮詢/獵頭/認證
- ○ 交通/運輸/物流
- ○ 航天/航空/能源/化工
- ○ 農業/漁業/林業
- ○ 其他行業_____

3. ［單選題］［必答題］貴公司成立年限：
- ○ 4 年以下
- ○ 4~7 年（含 4 年）

○ 7~10 年（含 7 年）　　　　　　　○ 10~15 年（含 10 年）
○ 15 年及以上

4. ［單選題］［必答題］您是否是貴公司的管理人員？
○ 是　　　　○ 否

5. ［表格數值題］［必答題］請根據您對企業發展的理解，選擇最符合企業在其發展的各個時期所面臨的環境風險的高低程度。（1~9 表示從低到高①）

類別	種子期	初創期	成長期	成熟期
宏觀經濟發展形勢				
利率匯率水準				
物價水準				
資本市場發展程度				
國家政策與法律法規				
國家對高新產業規劃				

6. ［表格數值題］［必答題］請根據您對企業發展的理解，選擇最符合企業在其發展的各個時期所面臨的市場風險的高低程度。（1~9 表示從低到高）

類別	種子期	初創期	成長期	成熟期
競爭對手數量				
競爭對手實力				
競爭對手不正當競爭行為				
進口產品				
市場需求變動				
消費者對競爭對手產品的依賴度				
企業信譽與知名度				
營銷人員能力、素質和積極性				
廣告及促銷				
產品定位				
銷售網絡模式				

---

① 為便於問卷填寫，這裡將風險由低到高的排列分別記為 1~9。

7. ［表格數值題］［必答題］請根據您對企業發展的理解，選擇最符合企業在其發展的各個時期所面臨的技術風險的高低程度。（1~9 表示從低到高）

類別	種子期	初創期	成長期	成熟期
研發人員實力				
技術人才流失				
技術難度與複雜性				
技術成熟度				
技術先進性				
專利保護程度				
技術開發資源保障				
生產資源供應				
設備、儀器適應性				
工人素質、能力與激勵				
生產成本控制				
產品質量與性能				
產品對企業現有產品替代性				
產品進入目標市場能力				
產品生命週期				
產品可替代性				

8. ［表格數值題］［必答題］請根據您對企業發展的理解，選擇最符合企業在其發展的各個時期所面臨的管理風險的高低程度。（1~9 表示從低到高）

類別	種子期	初創期	成長期	成熟期
決策者知識水準				
決策者的市場和技術信息敏感度				
決策者對待創新的態度				
內外部信息傳遞效率				
組織協調與實施能力				
社會關係資源				
公關危機處理能力				

9. ［表格數值題］［必答題］請根據您對企業發展的理解，選擇最符合企業在其發展的各個時期所面臨的財務風險的高低程度。(1~9表示從低到高)

類別	種子期	初創期	成長期	成熟期
資金實力風險				
融資渠道不足				
取得長期借款能力				
持續融資能力				
流動性風險				
盈利能力風險				

10. ［填空題］您常用的 Email 地址：_____。

提示：若您留下郵箱，我將會在調研結束後把調研報告反饋至此郵箱中，謝謝您。

附錄 5：專家評級調查問卷

一、問卷說明

我們為高新技術企業構建了如下技術創新風險評價指標體系。該指標體系共分三級，第一層包括 5 項風險大類，第二層包括 15 項風險類，第三層包括 46 項風險指標。

歸屬類別	類型	指標名稱
環境風險 Z_1	經濟風險 Y_1	宏觀經濟發展形勢 X_1、利率匯率水準 X_2、物價水準 X_3、資本市場發展程度 X_4
	政策風險 Y_2	國家政策與法律法規 X_5、國家對高新產業規劃 X_6
市場風險 Z_2	市場競爭風險 Y_3	競爭對手數量 X_7、競爭對手實力 X_8、競爭對手不正當競爭行為 X_9、進口產品衝擊 X_{10}
	市場需求風險 Y_4	市場需求變動 X_{11}、消費者對競爭對手產品依賴度 X_{12}
	市場開拓風險 Y_5	企業信譽與知名度 X_{13}，營銷人員能力、素質和積極性 X_{14}，廣告及促銷 X_{15}，產品定位 X_{16}，銷售網絡模式 X_{17}
技術風險 Z_3	技術人員風險 Y_6	研發人員實力 X_{18}、技術人才流失 X_{19}
	研究開發風險 Y_7	技術難度與複雜性 X_{20}、技術成熟度 X_{21}、技術先進性 X_{22}、專利保護程度 X_{23}、技術開發資源保障 X_{24}
	生產開發風險 Y_8	生產資源供應 X_{25}、設備、儀器適應性 X_{26}、工人素質、能力與激勵 X_{27}、生產成本控制 X_{28}
	產品風險 Y_9	產品質量與性能 X_{29}、產品對企業現有產品替代性 X_{30}、產品進入目標市場能力 X_{31}、產品生命週期 X_{32}、產品可替代性 X_{33}
管理風險 Z_4	決策者素質風險 Y_{10}	決策者知識水準 X_{34}、決策者的市場和技術信息敏感度 X_{35}、決策者對待創新的態度 X_{36}
	組織風險 Y_{11}	內外部信息傳遞效率 X_{37}、組織協調與實施能力 X_{38}
	社會關係風險 Y_{12}	社會關係資源 X_{39}、公關危機處理能力 X_{40}

表(續)

歸屬類別	類型	指標名稱
財務風險 Z_5	資金實力風險 Y_{13}	資金實力風險 X_{41}
	融資風險 Y_{14}	融資渠道不足 X_{42}、取得長期借款能力 X_{43}、持續融資能力 X_{44}
	資金營運風險 Y_{15}	流動性風險 X_{45}、盈利能力風險 X_{46}

我們設計了如下評價矩陣，通過衡量指標間相對重要，為以上各級指標確定合理權重。

二、填寫要求

請在字母右下角填寫數字以代表相應風險因素，從左到右表示重要性遞減。

請在箭頭上方填入數字0~3，依次表示的含義如下：

0	1	2	3
同樣重要	重要	很重要	非常重要

三、專家評級矩陣

(1) 第一層權重指標 R_1。

請對環境風險 Z_1、市場風險 Z_2、技術風險 Z_3、管理風險 Z_4、財務風險 Z_5 排序並賦分：

$$Z \Rightarrow Z \Rightarrow Z \Rightarrow Z \Rightarrow Z$$

(2) 第二層權重指標。

①環境風險 R_2。

請對經濟風險 Y_1、政治風險 Y_2 排序並賦分：

$$Y \Rightarrow Y$$

②市場風險 R_3。

請對市場競爭風險 Y_3、市場需求風險 Y_4、市場開拓風險 Y_5 排序並賦分：

$$Y \Rightarrow Y \Rightarrow Y$$

③技術風險 R_4。

請對技術人員風險 Y_6、研究開發風險 Y_7、生產開發風險 Y_8、產品風險 Y_9

排序並賦分：
$$Y \Rightarrow Y \Rightarrow Y \Rightarrow Y$$

④管理風險 R_5。

請對決策者素質風險 Y_{10}、組織風險 Y_{11}、社會關係風險 Y_{12} 排序並賦分：
$$Y \Rightarrow Y \Rightarrow Y$$

⑤財務風險 R_6。

請對資金實力 Y_{13}、融資風險 Y_{14}、資金營運風險 Y_{15} 排序並賦分：
$$Y \Rightarrow Y \Rightarrow Y$$

（3）第三層權重指標。

①經濟風險 R_7。

請對宏觀經濟發展形勢 X_1、利率匯率水準 X_2、物價水準 X_3、資本市場發展程度 X_4 排序並賦分：
$$X \Rightarrow X \Rightarrow X \Rightarrow X$$

②政策風險 R_8。

請對國家政策與法律法規 X_5、國家對高新產業規劃 X_6 排序並賦分：
$$X \Rightarrow X$$

③市場競爭風險 R_9。

請對競爭對手數量 X_7、競爭對手實力 X_8、競爭對手不正當競爭行為 X_9、進口產品衝擊 X_{10} 排序並賦分：
$$X \Rightarrow X \Rightarrow X \Rightarrow X$$

④市場需求風險 R_{10}。

請對市場需求變動 X_{11}、消費者對競爭對手產品的依賴度 X_{12} 排序並賦分：
$$X \Rightarrow X$$

⑤市場開拓風險 R_{11}。

請對企業信譽與知名度 X_{13}，營銷人員能力、素質和積極性 X_{14}，廣告及促銷 X_{15}，產品定位 X_{16}，銷售網絡模式 X_{17} 排序並賦分：
$$X \Rightarrow X \Rightarrow X \Rightarrow X \Rightarrow X$$

⑥技術人員風險 R_{12}。

請對研發人員實力 X_{18}、技術人才流失 X_{19} 排序並賦分：
$$X \Rightarrow X$$

⑦研究開發風險 R_{13}。

請對技術難度與複雜性 X_{20}、技術成熟度 X_{21}、技術先進性 X_{22}、專利保護程度 X_{23}、技術開發資源保障 X_{24} 排序並賦分：

$$X \Rightarrow X \Rightarrow X \Rightarrow X \Rightarrow X$$

⑧生產開發風險 R_{14}。

請對生產資源供應 X_{25}、設備、儀器適應性 X_{26}，工人素質、能力與激勵 X_{27}，生產成本控制 X_{28} 排序並賦分：

$$X \Rightarrow X \Rightarrow X \Rightarrow X$$

⑨產品風險 R_{15}。

請對產品質量與性能 X_{29}、產品對企業現有產品替代性 X_{30}、產品進入目標市場能力 X_{31}、產品生命週期 X_{32}、產品可替代性 X_{33} 排序並賦分：

$$X \Rightarrow X \Rightarrow X \Rightarrow X \Rightarrow X$$

⑩決策者素質風險 R_{16}。

請對決策者知識水準 X_{34}、決策者的市場和技術信息敏感度 X_{35}、決策者對待創新的態度 X_{36} 排序並賦分：

$$X \Rightarrow X \Rightarrow X$$

⑪組織風險 R_{17}。

請對內外部信息傳遞效率 X_{37}、組織協調與實施能力 X_{38} 排序並賦分：

$$X \Rightarrow X$$

⑫社會關係風險 R_{18}。

請對社會關係資源 X_{39}、公關危機處理能力 X_{40} 排序並賦分：

$$X \Rightarrow X$$

⑬融資風險 R_{20}。

請對融資渠道不足 X_{42}、取得長期借款能力 X_{43}、持續融資能力 X_{44} 排序並賦分：

$$X \Rightarrow X \Rightarrow X$$

⑭資金營運風險 R_{21}。

請對流動性風險 X_{45}、盈利能力風險 X_{46} 排序並賦分：

$$X \Rightarrow X$$

附錄6：金融機構風險容忍度調查問卷

尊敬的受訪者：

您好！我是西南財經大學的金融學博士研究生，為深入瞭解中國金融系統對技術創新的支持力度，設計了一份旨在瞭解中國金融機構對技術創新風險容忍度的調查問卷，真誠地希望獲得您的幫助，大約占用您20分鐘時間，衷心感謝您的支持與幫助！

保密承諾：感謝您參加這次的問卷調查，希望您根據所瞭解的實際情況進行填寫。我會對您的問卷內容保密，問卷調查結果只用於科學研究的數據統計。我將會把問卷的整體調研結果以報告形式反饋至您提供的郵箱中。

1. [填空題][必答題] 您的工作所在地：

_____

2. [單選題][必答題] 您是否是貴公司的管理人員？
   ○ 是　　　　　○ 否

3. [單選題][必答題] 您工作單位的類型是：
   ○ 銀行　　　○ 風險投資或私募基金　　　○ 其他

4. [單選題][必答題] 您在金融業從業的時間為：
   ○ 不足1年　○ 不足2年　○ 不足3年　○ 3年及以上

5. [矩陣單選題][必答題] 請根據您對企業發展的理解，選擇貴公司對企業在其發展過程中所面臨的環境風險的容忍程度。

類別	非常低	很低	低	較低	一般	較高	高	很高	非常高
宏觀經濟發展形勢	○	○	○	○	○	○	○	○	○
利率匯率水準	○	○	○	○	○	○	○	○	○
物價水準	○	○	○	○	○	○	○	○	○
資本市場發展程度	○	○	○	○	○	○	○	○	○
國家政策與法律法規	○	○	○	○	○	○	○	○	○
國家對高新產業規劃	○	○	○	○	○	○	○	○	○

6. ［矩陣單選題］［必答題］請根據您對企業發展的理解，選擇貴公司對企業在其發展過程中所面臨的市場風險的容忍程度。

類別	非常低	很低	低	較低	一般	較高	高	很高	非常高
競爭對手數量	○	○	○	○	○	○	○	○	○
競爭對手實力	○	○	○	○	○	○	○	○	○
競爭對手不正當競爭行為	○	○	○	○	○	○	○	○	○
進口產品	○	○	○	○	○	○	○	○	○
市場需求變動	○	○	○	○	○	○	○	○	○
消費者對競爭對手產品的依賴度	○	○	○	○	○	○	○	○	○
企業信譽與知名度	○	○	○	○	○	○	○	○	○
營銷人員能力、素質和積極性	○	○	○	○	○	○	○	○	○
廣告及促銷	○	○	○	○	○	○	○	○	○
產品定位	○	○	○	○	○	○	○	○	○
銷售網絡模式	○	○	○	○	○	○	○	○	○

7. ［矩陣單選題］［必答題］請根據您對企業發展的理解，選擇貴公司對企業在其發展過程中所面臨的技術風險的容忍程度。

類別	非常低	很低	低	較低	一般	較高	高	很高	非常高
研發人員實力	○	○	○	○	○	○	○	○	○
技術人才流失	○	○	○	○	○	○	○	○	○
技術難度與複雜性	○	○	○	○	○	○	○	○	○
技術成熟度	○	○	○	○	○	○	○	○	○
技術先進性	○	○	○	○	○	○	○	○	○
專利保護程度	○	○	○	○	○	○	○	○	○
技術開發資源保障	○	○	○	○	○	○	○	○	○
生產資源供應	○	○	○	○	○	○	○	○	○
設備、儀器適應性	○	○	○	○	○	○	○	○	○
工人素質、能力與激勵	○	○	○	○	○	○	○	○	○
生產成本控制	○	○	○	○	○	○	○	○	○
產品質量與性能	○	○	○	○	○	○	○	○	○

類別	非常低	很低	低	較低	一般	較高	高	很高	非常高
產品對企業現有產品替代性	○	○	○	○	○	○	○	○	○
產品進入目標市場能力	○	○	○	○	○	○	○	○	○
產品生命週期	○	○	○	○	○	○	○	○	○
產品可替代性	○	○	○	○	○	○	○	○	○

8. ［矩陣單選題］［必答題］請根據您對企業發展的理解，選擇貴公司對企業在其發展過程中所面臨的管理風險的容忍程度。

類別	非常低	很低	低	較低	一般	較高	高	很高	非常高
決策者知識水準	○	○	○	○	○	○	○	○	○
決策者的市場和技術信息敏感度	○	○	○	○	○	○	○	○	○
決策者對待創新的態度	○	○	○	○	○	○	○	○	○
內外部信息傳遞效率	○	○	○	○	○	○	○	○	○
組織協調與實施能力	○	○	○	○	○	○	○	○	○
社會關係資源	○	○	○	○	○	○	○	○	○
公關危機處理能力	○	○	○	○	○	○	○	○	○

9. ［矩陣單選題］［必答題］請根據您對企業發展的理解，選擇貴公司對企業在其發展過程中所面臨的財務風險的容忍程度。

類別	非常低	很低	低	較低	一般	較高	高	很高	非常高
資金實力	○	○	○	○	○	○	○	○	○
融資渠道不足	○	○	○	○	○	○	○	○	○
取得長期借款能力	○	○	○	○	○	○	○	○	○
持續融資能力	○	○	○	○	○	○	○	○	○
流動性風險	○	○	○	○	○	○	○	○	○
盈利能力風險	○	○	○	○	○	○	○	○	○

10. ［填空題］您常用的 Email 地址：_____。

提示：若您留下郵箱，我將會在調研結束後把調研報告反饋至此郵箱中，謝謝您。

附錄7：調查結果

附表1　高新技術企業調查問卷　　　單位：分

環境風險	種子期	初創期	成長期	成熟期	行平均
宏觀經濟發展形勢 X_1	5.79	5.88	5.16	4.77	5.4
利率匯率水準 X_2	5.57	5.45	5.22	4.59	5.21
物價水準 X_3	5.64	5.64	5.17	4.69	5.29
資本市場發展程度 X_4	5.87	5.7	5.31	4.83	5.43
國家政策與法律法規風險 X_5	5.74	5.77	5.39	4.88	5.44
國家對高新產業規劃 X_6	5.98	5.69	5.24	5.1	5.5
列平均	5.76	5.69	5.25	4.81	5.38
市場風險	種子期	初創期	成長期	成熟期	行平均
競爭對手數量 X_7	6.03	5.79	5.74	4.98	5.64
競爭對手實力 X_8	6.07	5.64	5.74	5.24	5.67
競爭對手不正當競爭行為 X_9	5.74	5.57	5.31	4.97	5.39
進口產品衝擊 X_{10}	5.88	5.51	5.15	4.81	5.34
市場需求變動 X_{11}	6.22	5.9	5.48	5.14	5.69
消費者對競爭對手產品的依賴度 X_{12}	5.55	5.51	5.26	4.76	5.27
企業信譽與知名度 X_{13}	6.26	6.04	5.03	4.62	5.49
營銷人員能力、素質和積極性 X_{14}	6.12	5.98	5.57	5.34	5.75
廣告及促銷 X_{15}	5.94	5.62	5.35	5.03	5.49
產品定位 X_{16}	6.41	5.83	5.5	5.16	5.73
銷售網絡模式 X_{17}	6.19	5.72	5.21	4.83	5.49
列平均	6.04	5.74	5.4	4.99	5.54
技術風險	種子期	初創期	成長期	成熟期	行平均
研發人員實力 X_{18}	6.44	6.01	5.85	5.11	5.85
技術人才流失 X_{19}	5.12	5.38	5.13	4.96	5.15
技術難度與複雜性 X_{20}	5.68	5.79	5.79	5.19	5.61
技術成熟度 X_{21}	6.16	5.83	5.23	4.88	5.52

附表1(續)

技術先進性 X_{22}	6.17	5.89	5.35	5.19	5.65
專利保護程度 X_{23}	6.4	5.81	5.3	5.09	5.65
技術開發資源保障 X_{24}	6.09	5.83	5.25	4.91	5.52
生產資源供應 X_{25}	6.21	5.69	5.26	4.96	5.53
設備、儀器適應性 X_{26}	6.17	6.02	5.46	5.03	5.67
工人素質、能力與激勵 X_{27}	6.2	5.81	5.41	5.02	5.61
生產成本控制 X_{28}	5.85	5.69	5.32	5.01	5.47
產品質量與性能 X_{29}	6.22	6	5.36	5.01	5.65
產品對企業現有產品替代性 X_{30}	5.94	5.71	5.02	4.79	5.37
產品進入目標市場能力 X_{31}	6.03	5.83	5.31	4.96	5.53
產品生命週期 X_{32}	6.1	5.83	5.26	4.88	5.52
產品可替代性 X_{33}	5.72	5.5	5.26	4.79	5.32
列平均	6.03	5.79	5.35	4.99	5.54
管理風險	種子期	初創期	成長期	成熟期	行平均
決策者知識水準 X_{34}	6.7	6.33	5.9	5.37	6.08
決策者的市場和技術信息敏感度 X_{35}	6.34	6.12	5.79	5.52	5.94
決策者對待創新的態度 X_{36}	6.27	5.96	5.72	5.6	5.89
內外部信息傳遞效率 X_{37}	6.36	5.76	5.49	5.18	5.7
組織協調與實施能力 X_{38}	6.26	6	5.72	5.35	5.83
社會關係資源 X_{39}	6.35	5.91	5.51	5.22	5.75
公關危機處理能力 X_{40}	6.45	6.02	5.41	4.88	5.69
列平均	6.39	6.01	5.65	5.3	5.84
財務風險	種子期	初創期	成長期	成熟期	行平均
資金實力風險 X_{41}	6.31	6.17	5.53	4.69	5.68
融資渠道不足 X_{42}	6.01	5.79	5.28	5	5.52
取得長期借款能力 X_{43}	6.16	5.98	5.12	4.73	5.5
持續融資能力 X_{44}	6.19	5.88	5.37	4.78	5.55
流動性風險 X_{45}	5.86	5.65	5.57	5.04	5.53
盈利能力風險 X_{46}	5.72	5.47	5.4	5.12	5.43
列平均	6.04	5.82	5.38	4.89	5.53

附表2　金融機構風險容忍度調查問卷　　　　　　　單位：分

環境風險	銀行	風險投資/私募基金	行平均
宏觀經濟發展形勢 X_1	4.225	5.409,091	4.817,045
利率匯率水準 X_2	6.500	5.500,000	6.000,000
物價水準 X_3	6.950	5.613,636	6.281,818
資本市場發展程度 X_4	3.500	5.363,636	4.431,818
國家政策與法律法規風險 X_5	4.550	5.136,364	4.843,182
國家對高新產業規劃 X_6	5.375	5.545,455	5.460,227
列平均	5.183	5.428,030	5.305,682
市場風險	銀行	風險投資/私募基金	行平均
競爭對手數量 X_7	3.875	5.568,182	4.721,591
競爭對手實力 X_8	3.875	5.613,636	4.744,318
競爭對手不正當競爭行為 X_9	5.125	5.363,636	5.244,318
進口產品衝擊 X_{10}	5.300	5.272,727	5.286,364
市場需求變動 X_{11}	3.100	5.250,000	4.175,000
消費者對競爭對手產品的依賴度 X_{12}	4.750	5.250,000	5.000,000
企業信譽與知名度 X_{13}	3.875	5.704,545	4.789,773
營銷人員能力、素質和積極性 X_{14}	5.425	5.409,091	5.417,045
廣告及促銷 X_{15}	5.875	5.477,273	5.676,136
產品定位 X_{16}	3.425	5.136,364	4.280,682
銷售網絡模式 X_{17}	4.400	5.090,909	4.745,455
列平均	4.457	5.376,033	4.916,426
技術風險	銀行	風險投資/私募基金	行平均
研發人員實力 X_{18}	3.275	5.000,000	4.137,500
技術人才流失 X_{19}	4.025	5.045,455	4.535,227
技術難度與複雜性 X_{20}	3.650	4.931,818	4.290,909
技術成熟度 X_{21}	3.700	5.136,364	4.418,182
技術先進性 X_{22}	2.175	4.931,818	3.553,409
專利保護程度 X_{23}	3.275	5.090,909	4.182,955

附表2(續)

	銀行	風險投資/私募基金	行平均
技術開發資源保障 X_{24}	5.025	5.227,273	5.126,136
生產資源供應 X_{25}	6.275	5.159,091	5.717,045
設備、儀器適應性 X_{26}	6.550	5.136,364	5.843,182
工人素質、能力與激勵 X_{27}	5.375	5.159,091	5.267,045
生產成本控制 X_{28}	4.925	5.181,818	5.053,409
產品質量與性能 X_{29}	3.825	4.954,545	4.389,773
產品對企業現有產品替代性 X_{30}	4.325	5.113,636	4.719,318
產品進入目標市場能力 X_{31}	2.000	5.113,636	3.556,818
產品生命週期 X_{32}	2.225	4.886,364	3.555,682
產品可替代性 X_{33}	2.975	5.090,909	4.032,955
列平均	3.975	5.072,443	4.523,722
管理風險	銀行	風險投資/私募基金	行平均
決策者知識水準 X_{34}	4.775	5.318,182	5.046,591
決策者的市場和技術信息敏感度 X_{35}	5.175	5.204,545	5.189,773
決策者對待創新的態度 X_{36}	4.200	4.954,545	4.577,273
內外部信息傳遞效率 X_{37}	5.800	5.295,455	5.547,727
組織協調與實施能力 X_{38}	5.125	5.363,636	5.244,318
社會關係資源 X_{39}	6.300	5.272,727	5.786,364
公關危機處理能力 X_{40}	5.675	5.272,727	5.473,864
列平均	5.293	5.240,260	5.266,558
財務風險	銀行	風險投資/私募基金	行平均
資金實力風險 X_{41}	4.050	5.318,182	4.684,091
融資渠道不足 X_{42}	3.850	5.136,364	4.493,182
取得長期借款能力 X_{43}	3.950	5.386,364	4.668,182
持續融資能力 X_{44}	4.075	5.363,636	4.719,318
流動性風險 X_{45}	2.725	4.772,727	3.748,864
盈利能力風險 X_{46}	2.900	5.000,000	3.950,000
列平均	3.592	5.162,879	4.377,273

後記

當今世界正面臨百年未有之大變局，大變革大調整正在進行時，最顯著的特徵是新一輪科技革命與產業變革正在孕育興起，創新成為時代的主題。當今世界進入以科技創新為主導的新發展階段。美、英、德、法、中、日等主要大國搶占科技制高點的競爭愈演愈烈。美國對中國中興、華為等高科技企業的技術封鎖與圍堵，血淋淋地揭示了科技領域競爭博弈的殘酷現實。

世界大國都在加強對科技發展的戰略規劃，發布重大科技戰略佈局，從而在新一輪科技創新中形成自己的競爭優勢。從《中國製造2025》到德國發布《國家工業戰略2030》，再到美國近年發布的「再工業化計劃」「未來工業發展規劃」和《國家安全戰略》，這些都詮釋了世界的新變局與新趨勢。

從美、英、德、法、中、日等國近年來發布的重大科技戰略規劃來看，戰略部署聚焦在以下方面：第五代信息通信技術（5G）、量子科技、人工智能、大數據、雲計算、網絡空間與安全、未來信息通信、生物醫藥與生命科學、現代農業與食品科技、新能源、新材料、空間科技等。特別是在5G、量子科技與人工智能領域，各國都在積極佈局。比如關於人工智能，各國出台了一系列規劃與政策措施。2019年6月，美國發布最新版的《國家人工智能研究發展戰略規劃》。歐盟在2018年4月發布《歐盟人工智能》報告，並制訂了「歐盟人工智能行動計劃」。英國在2017年10月發布《在英國發展人工智能》的報告，並在2018年4月發布了《產業戰略：人工智能領域行動》政策文件。德國自2018年起將人工智能研發應用上升為國家戰略。2018年7月，德國政府通過《聯邦政府人工智能戰略要點》文件，並於同年11月通過《人工智能國家戰略》。法國在2018年3月發布《人工智能發展戰略》。日本人工智能技

術戰略委員會在 2017 年 3 月發布的《人工智能技術戰略》中闡述了日本人工智能產業化發展路線圖。日本政府又在 2019 年 6 月發布《人工智能戰略 2019》。中國提出了節能環保、生物醫藥、新信息、新能源、新能源汽車、高端裝備製造和新材料七大戰略新興產業，最近又提出了 5G、特高壓、城際高鐵與城際軌道、新能源汽車充電樁、大數據中心、人工智能與工業互聯網七大新基建領域。以上這些都體現了科技創新只爭朝夕的緊迫感。

改革開放 40 多年以來，中國科技實力實現了從量的累積向質的飛躍，取得了重大突破，特別是技術專利數量佔比不斷上升。雖然中國已成為世界上具有重要影響力的科技大國，但還不是強國，需要進一步在科技戰略規劃和佈局上開展深入系統的研究，特別是中國企業的自主技術創新能力，與美國企業有很大的差距，這是制約中國產業轉型升級、新舊動能轉換的最大瓶頸。

習近平總書記多次強調「創新是引領發展的第一動力」「關鍵核心技術是國之重器」「緊緊扭住技術創新這個戰略基點」。近年來，黨中央、國務院做出了「實施創新驅動發展戰略」「深化科技體制改革」等一系列奠基之舉、長遠之策，對中國科技創新事業進行戰略性佈局。科技創新最後要落在技術創新上，技術創新的主體是企業，技術創新成功的標誌是產業化與商業化的成功。技術創新的高風險、高收益、高投入、高溢出、高隱蔽性等特徵，不利於企業實現外源融資，與美國以金融市場為主體的金融體系相比，中國以金融仲介為主體的金融體系在支持企業技術創新上不具有優勢。因此，研究金融支持技術創新的機理與路徑，探討金融體系如何更好地支持企業技術創新，是重大而迫切的時代課題。我的論文定稿於 2017 年 6 月，現在已經過去了三年，就內容來看，依然有其當下的價值。我將其進行一些修整再出版成書，以期拋磚引玉。

潘功君
2020 年 5 月於杭州每色花園

技術創新金融論
基於金融功能及風險匹配的研究

作　　者：潘功君 著	**國家圖書館出版品預行編目資料**
發 行 人：黃振庭	技術創新金融論 ─ 基於金融功能及
出 版 者：財經錢線文化事業有限公司	風險匹配的研究 / 潘功君著 . -- 第
發 行 者：財經錢線文化事業有限公司	一版 . -- 臺北市：財經錢線文化，
E-mail：sonbookservice@gmail.com	2020.11
粉 絲 頁：https://www.facebook.com/	面； 公分
sonbookss/	POD 版
網　　址：https://sonbook.net/	ISBN 978-957-680-472-4(平裝)
地　　址：台北市中正區重慶南路一段六十一號八	1. 金融業 2. 金融管理
樓 815 室	561.7　　109016632

Rm. 815, 8F., No.61, Sec. 1, Chongqing S. Rd., Zhongzheng Dist., Taipei City 100, Taiwan (R.O.C)

電　　話：(02)2370-3310
傳　　真：(02) 2388-1990
總 經 銷：紅螞蟻圖書有限公司
地　　址：台北市內湖區舊宗路二段 121 巷 19 號
電　　話：02-2795-3656
傳　　真：02-2795-4100
印　　刷：京峯彩色印刷有限公司（京峰數位）

-版權聲明-
本書版權為西南財經出版社所有授權崧博出版事業有限公司獨家發行電子書及繁體書繁體字版。若有其他相關權利及授權需求請與本公司聯繫。

定　　價：350 元
發行日期：2020 年 11 月第一版
◎本書以 POD 印製

官網

臉書

提升實力 ONE STEP GO-AHED

會計人員提升成本會計實戰能力

透過 Excel 進行成本結算定序的實用工具

您有看過成本會計理論，卻不知道如何實務應用嗎？
您知道如何依產品製程順序，由低階製程至高階製程採堆疊累加方式計算產品成本？

【成本結算工具軟體】是一套輕巧易學的成本會計實務工具，搭配既有的 Excel 資料表，透過軟體設定的定序工具，使成本結轉由低製程向高製程堆疊累加。《結構順序》由本工具軟體賦予，讓您容易依既定《結轉順序》計算產品成本，輕鬆完成當期檔案編製、產生報表、完成結帳分錄。

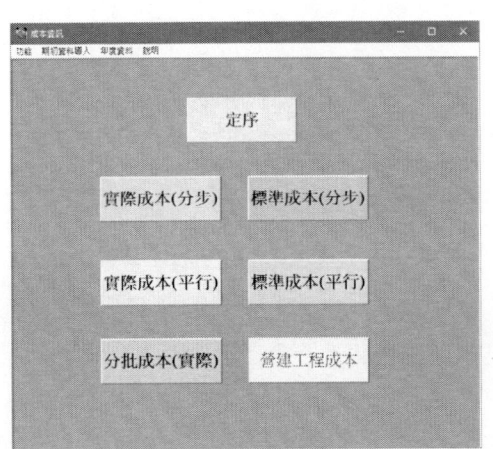

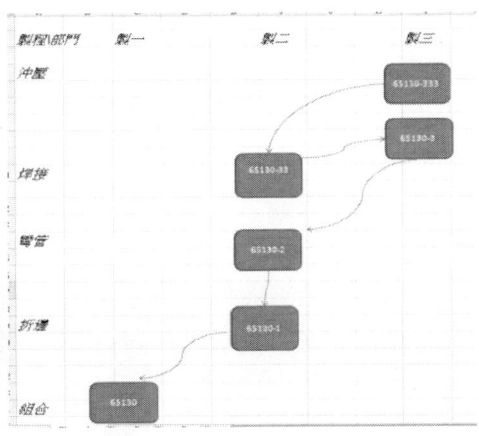

【成本結算工具軟體】試用版免費下載：http://cosd.com.tw/

訂購資訊：

成本資訊企業社 統編 01586521

EL 03-4774236 手機 0975166923　游先生

EMAIL y4081992@gmail.com